역사콘서트

1

역사 콘서트

황광우와 함께 읽는 **조선의 결정적 순간**

황광우 지음

생각
정원

일러두기

이 책에 실린 조선시대 날짜(1895년 11월 16일 이전)는 음력이다.
이 책에 언급된 조선의 인물 나이는 '한국 나이'를 기준으로 했다.

우리는
역사를 잃어버린
민족이었다

1950년대 어느 날 "나는 이자벨 버드 비숍 여사와 연애하고 있다"고 김수영은 노래했다. 시는 이어진다. "버드 비숍 여사를 안 뒤부터는 썩어빠진 대한민국이 괴롭지 않다. 오히려 황송하다. 역사는 아무리 더러운 역사라도 좋다." 썩어빠진 대한민국이 괴롭지 않다니! 역사는 아무리 더러운 역사라도 좋다니! 이게 무슨 망발인가? 나는 김수영의 역설을 이해할 수 없었다.

김수영은 1921년에 태어났다. 시인의 나이 19세이던 1939년은 학교에서 한국어의 사용을 금지하던 일본 제국주의 시절이었다. 아예 조선인의 말과 혼을 말살하려는 일제의 야만이 기승을 부리던 그 시절 김수영은 학교를 다녔다. 그리고 일본으로 유학을 갔다. 그는 일기를 일본어로 쓴 사람이었음을 우리는 기억해야 한다. 그에게 국어는 일본어였고 국사는 일본사였다. 한국어가 있는데도 한국어를 배우지 못했고, 한국사가 있는데도 한국사를 배우지 못했다. 식민지 현실의 비극은 이런 것이다. 그렇게 교육받은 시인이 청계천 헌책방에서 우연히 비숍Isabella Bird Bishop의 책을 만났다. 그리고 날밤을 지새웠다. '뭐 이런 책이 다 있어?'

비숍이 조선을 방문한 해인 1894년은 김수영이 태어난 1921년과 불과 30년밖에 차이 나지 않는 가까운 시기였다. 그런데도 김수영은 자신의 할아버지가 어떤 삶을 살았는지 까마득히 몰랐다. 나는 어머니로부터 옛이야기를 들으면서 비숍의 기록과 너무 흡사하여 당황했던 적이 있었다. 하물며 김수영은 어떠했겠는가?

비숍의 『조선과 그 이웃 나라들』을 읽은 그날 밤 시인 김수영은 잃어버린 역사를 다시 만났다. 그랬다. 우리는 역사를 잃어버린 민족이었다. 고아가 잃어버린 부모를 만나면 무엇을 할 수 있을까? 그저 부모를 부둥켜안고 우는 것뿐이다. 그래서 시인은 그날 밤 휘몰아치는 영혼의 떨림을 그렇게 노래했던 것이다. "역사는 아무리 더러운 역사라도 좋다. 진창은 아무리 더러운 진창이라도 좋다. 나에게 놋주발보다도 더 쩽쩽 울리는 추억이 있는 한 인간은 영원하고 사랑도 그렇다."

김수영이 한국사를 몰랐던 것은 아니다. 다만 그가 배운 한국사는 온통 진창이었다. 아버지는 주정뱅이이고, 삼촌은 오입쟁이이고, 할아버지는 한량이고……. 뭐, 집안의 내력이 이런 꼴이란다. 선비란 백성을 등쳐먹는 탐관오리이고, 왕이란 외적이 쳐들어오면 저 혼자 도망치기 바쁜 놈이고……. 뭐, 왕조의 내력이 이런 꼴이란다. 사화士禍니 당쟁黨

爭이니 환국換局이니 세도勢道니, 이 파, 저 파, 대파, 쪽파, 갈라져 쌈박질이나 하고……. 뭐, 이따위 양반들의 집안 다툼이 조선의 역사란다. 그래서 우리는 이렇게 생각했다. 이런 놈의 역사를 왜 배워?

김수영만이 아니었다. 1970년대 군사독재의 총칼 앞에서도 할 말을 다한 기개 높은 선비, 함석헌 선생도 그랬다. 그는 말한다. 한반도의 지세를 보면 애당초 큰 민족을 길러낼 수가 없단다. 넓은 들이 없다는 것이다.

> 큰 민족이 되려면 넓은 들이 있어야 되는데, 8할이 산이요, 들이라고는 김제 평야가 기껏이잖아? 들도 없지만 큰 강도 없어. 문명이란 큰 강 언저리에 발달하는 법인데, 우리나라엔 큰 것이 고작 압록강이야.[1]

함석헌의 『뜻으로 본 한국역사』는 당시 감명 깊은 한국사 책이었다. 하지만 그분 역시 한국사를 모멸하는 데는 식민 사학자들과 다를 것이 없었다. 조그만 땅덩어리가 예고하는 약소국의 운명이 한민족의 숙명이란다. 무엇 하자는 것인가? 결론은 자기비하의 심리를 자극하는 소국의 논리, 오도된 지리적 결정론을 함석헌도 설파했다. 일본 도쿄 고등사범학교 시절 일본인으로부터 들었던 식민사관이었을 것이다.

김수영과 함석헌만이 아니었다. 박정희는 더욱 그랬다. 그는 초등학생들에게 가르쳤다. "우리는 민족 중흥의 역사적 사명을 띠고 이 땅에 태어났다"고. 알고 보니 그는 비 내리는 울적한 날, 일본 군복을 갈아 입고, 큰 칼을 차고, 천황에게 경례를 올린 천황 숭배자였다. 그는 초등 학교마다 이순신의 동상을 세워놓고 "조상의 빛난 얼을 오늘에 되살리 자"고 호소했다. 알고 보니 그는 이순신의 충절을 팔아 장기 집권의 군 사독재체제의 성을 쌓아나간 자였다.

그는 초등학생들에게 "안으로 자주독립의 자세를 확립하고, 밖으로 인류 공영에 이바지할 때다"라고 가르쳤다. 알고 보니 대한민국은 친 일파의 후손들이 떵떵거리는 나라, 독립투사의 자식들은 달동네 판자 촌에서 끼니를 연명하는 나라였다.

그 시절 학생들은 '국민교육헌장'을 암송하지 못하면 집에 올 수가 없었다. "타고난 저마다의 소질을 계발하고 우리의 처지를 약진의 발 판으로 삼아 창조의 힘과 개척의 정신을 기른다."

그들의 말은 좋았다. "공익과 질서를 앞세우자." 알고 보니 박정희의 패거리들은 공익을 앞세워 허구한 날 나랏돈을 빼먹는 부정 축재자였 다. 뭐, 질서를 앞세운다고? 그들은 지나가는 아가씨들의 치마 길이를 단속하는 자들이었다.

"명랑하고 따뜻한 협동 정신을 북돋운다." 말은 좋다. 알고 보니 그 들이 만든 세상은 이웃이야 굶어 죽든 말든 나만 잘살면 그만인 각자도 생各自圖生의 나라, 재벌과 졸부들의 나라, 경쟁만능주의 나라였다.

그들은 "우리의 창의와 협력을 바탕으로 나라가 발전하며, 나라의 융성이 나의 발전의 근본임을 깨달아" 열심히 일하자고 호소했다. 우리는 진짜 열심히 일했다. 알고 보니 그들은 입으로는 '근로자를 가족처럼' 대우한다면서 '노동자를 가축' 취급하는 자들이었다. 필요하면 갖다 쓰고 필요 없으면 팽烹하고.

그들은 "자유와 권리에 따르는 책임과 의무를 다하"는 민주 시민이 되자고 떠들었다. 그런데 그들은 매일 오후 5시면 애국가를 틀어놓고 국기를 하강하면서 길 가는 시민을 멈춰 서게 했다. 그뿐인가. 극장에서 영화를 보는데도 일어섰다 앉았다를 강제하는 군국주의자들이었다. 일본 천황으로부터 황국신민皇國臣民의 교육을 받은 그들은 알고 보니, 국민을 벌레만도 못한 존재로 아는 자들이었다. 그래서 헌법을 불사르고, 국회를 탱크로 밀어버리고, 체육관에서 대통령을 뽑았던 것이다.

이 표리부동表裏不同, 저 이율배반二律背反. 그 위선의 선언서인 '국민교육헌장'을 암송하며 우리는 자랐다. 돌이켜보니 딱 한 가지는 진실이 있었다. "반공 민주 정신에 투철한 애국 애족이 우리의 삶의 길"이라는 구절이 그것이다. '반공 민주 정신'으로 똘똘 뭉치자는 호소는 박정희가 자신의 속내를 솔직히 밝힌 구절이다. 그런데 알고 보니, 박정희는 해방 후 국군에 잠입한 남로당의 프락치였다.[2]

이런 시대 청소년 시절을 보낸 우리는 불행했다. 우리에겐 존경할 스승이 없었다. 어른들은 '달걀로 바위 치는 어리석은 짓은 하지 말라'는 기회주의적 처신만을 입에 올렸고, 대학 교수들은 역사의 진실 앞에서 입을 다물었다. 아무도 진실을 말하지 않았던 그 시절 우리는 비밀 서클을 만들어 세미나를 열고 토론을 했다. 강단에서 가르쳐주지 않은 역사를 논했고, 교수들이 말하지 않은 철학을 배웠다. 돌이켜보니, 그 역사와 그 철학으론 턱없이 부족했다. 가도 가도 끝이 없었다.

『조선왕조실록朝鮮王朝實錄』만 해도 500권이다. 평생 연구해도 될까 말까 한 방대한 문서다. 아직 번역조차 다하지 못한 3000권짜리 『승정원일기承政院日記』에 대해선 말도 꺼내지 말자. 모든 선비는 죽으면서 한 권의 문집을 남겼다. 1만 권이 넘는 조상의 문집들이 우리의 손길을 기다리고 있다.

누가 뭐래도 한국인은 '역사를 남긴 민족'이다. 그런데 우리는 그 역사를 모른다. 아니, 역사를 잃고 산다. 한국인은 자신의 정체성이 무엇인지 모르며 살고 있다. 서양에 가면 중세의 고성이 고스란히 보존되어 현대와 공존하고 있다. 경복궁을 비롯하여 조선의 읍성들을 다 파헤쳐버린 일제만 욕할 것이 아니다. 파괴는 박정희의 군사독재에 이어 오늘까지도 이어지고 있지 않은가? 말로는 '조상의 빛난 얼'을 외우지만 허구한 날 삽질만 하는 분들과 파란 집을 지키는 분들에게 묻고 싶다. 우리가 물려받아야 할 조상의 빛난 얼이 무엇인가?

식민사관 넘어서기, 이거 쉽지 않다. 국토의 아름다움을 예찬하고 조상의 빛나는 전통을 자랑한다고 식민사관을 넘어서는 것일까? 세계문

화유산에 화성이 등재되고 왕릉이 등재되면 식민사관을 넘어서는 것일까? 이제 우리는 일본인의 눈이 아니라 한국인의 눈으로 바라본 한국사를 가질 때가 되었다.

중요한 것은 『조선왕조실록』에 담긴 수많은 기사를 어떤 눈으로 보고 어떤 관점으로 풀이하느냐다. '식민사관 넘어서기'를 하다 보면 자칫 빠지기 쉬운 함정이 있다. '우리 민족 제일주의'다. 퇴계의 철학은 일본에서도 높이 평가한다며 조상의 성취를 한껏 높이다 보면 내 마음도 우쭐해진다. '우리 강산 최고라네, 우리 민족 최고라네.' 노래 부르다 보면, 어느덧 우리는 18세기 조선 유학자들이 빠졌던 소중화小中華의 우물에 빠진다. 명나라가 없는 세상에서 조선이 최고의 문화국이라는 헛된 자만 말이다.

선비 정신을 예찬하는 소리가 이곳저곳에서 들린다. 좋은 일이다. 나는 선비 정신을 바르게 계승해야 한다고 생각한다. 조선의 선비 정신은 고결했다. 하지만 선비들의 삶은 그렇지 않았음을 솔직히 인정하자. 선비는 평균 100결의 농장을 경영한 지주였다. 100결은 30만 평[3]으로 경복궁의 두 배가 넘는 넓이이다. 선비가 자신과 가족의 노동으로 농장을 경영했다면 누가 뭐라 하겠는가? 새벽부터 밤까지 선비의 하루는 종들 없인 밥도 먹지 못하고 외출도 하지 못하는 하루였다. 선비들은 제 몸조차 제힘으로 움직이지 못한 장애인들이었다. 그들이 어떻게 100결의 전답을 손수 경작한단 말인가? 모두 종들에게 의존했다. 소작농과 종들의 땀 없이 조선이라는 나라는 단 하루도 운영되지 않는 나라였다. 따라서 조선의 역사가 조금이라도 의미 있는 성취를 일구었다면 그 성취는 몇몇 뜻있는 선비와 다수의 노비에 의해 이루어진 것이었음을 우리는 인정해야 한다.

나는 20년 전부터 한 권의 한국사를 쓰는 것을 내 필생의 과제로 삼았다. 조선왕조의 역사를 쓰는 것은 참 힘들었다. 『조선왕조실록』을 뒤지고 뒤졌다. 태조부터 고종까지 모조리. 『용재총화慵齋叢話』, 『남명집南冥集』, 『동호문답東湖問答』, 『난중일기亂中日記』, 『쇄미록瑣尾錄』, 『성호사설星湖僿說』, 『열하일기熱河日記』, 『매천야록梅泉野錄』……. 선비들이 남긴 문집을 뒤졌고, 퇴계와 다산의 편지를 꼼꼼히 읽었다. 읽어보니, 시대는 그를 버렸지만 끝까지 시대를 버리지 않은 몇 분의 선비가 돋보였다. 김육과 이익, 박지원과 정약용, 유계춘과 전봉준……. 내가 밤잠을 자지 않고 '나의 한국사'를 이끌어갈 수 있었던 힘은 바로 그분들의 높은 정신에서 나왔다.

'나의 한국사'가 우리의 역사관을 세우는 데 조금의 도움이 되길 바란다. 또 그렇게 썼다.

매주 나는 원고의 초고를 '고전연구원'의 교사들과 어머니 그리고 학생들과 함께 읽었다. 연태와 소민이, 민서와 정연이, 지은과 윤정이, 중현과 하람이, 찬비와 예림이, 유빈과 건웅이, 그리고 주홍과 민홍이가 그들이다.

우리는 무엇을 버리고 무엇을 계승할 것인가? 『역사 콘서트』를 함께 읽고 더 좋은 '우리의 한국사'를 만들어주길 부탁하면서 글을 마친다.

2015년 12월 12일

빛고을, 해 뜨는 마을에서

황광우

차례

다시 찾는 우리 역사

정도전은 철인정치가였다. 플라톤은 철인정치를 이루기 위해 시칠리아에 갔으나 뜻을 이루지 못했다. 정도전은 함주 막사에 갔고 뜻을 이루었다. 1390년 9월 정도전과 이성계는 권문세족의 토지 문서를 압수하여 불을 질렀다. 인류의 역사에서 지배계급이 고통받는 민중의 편에 서서 토지대장을 불사른 적이 있었던가? 조선은 혁명의 설계도에 따라 건설된 나라였다. 정도전은 혁명적 이념으로 무장하고 새로운 세계를 열어간 실천가였다. 정도전을 다시 보아야 하고 이성계를 다시 보아야 한다.

  어디선가 볼멘소리가 들린다. 당신, 조선왕조 예찬론자 아녀? 봉건왕조를 찬미하는 반동적 역사관으로 후퇴하는 것 아니냐는 날 선 비판이 매섭다. 그렇다. 예전에 나는 왕을 경멸했다. 지금은 생각이 좀 다르다. 왕 중에는 좋은 왕도 있고 나쁜 왕도 있다. 백성의 고통을 외면하고 지배계급의 이익만 두둔하는 왕은 나쁜 왕이다. 하지만 백성의 고통을 보살피고 지배계급의 사익 추구를 막는 왕은 좋은 왕이다. 조선을 세운 왕은 적어도 백성의 편에서 구질서에 맞서 싸운 사람들이었다. 투쟁 속에서 민심을 획득한 왕들이었다. 좋은 왕을 좋은 왕이라고 말하면 뭐가 덧나는가?

주지하다시피 세종은 대단한 왕이다. 광화문 앞에는 그 세종이 앉아 있다. 그런데 과연 한국인들은 세종의 성취를 알고 있을까? 네이버에 들어가자. 오늘 밤부터『세종장헌대왕실록世宗莊憲大王實錄』을 읽자. 그런데 그 실록이 책으로 30권이다. 만만치 않다. 세종이 한글을 창제하여 펼친 사업이 무엇인가? 우리는 더듬거린다.『용비어천가龍飛御天歌』와『월인천강지곡月印千江之曲』과『동국정운東國正韻』과『두시언해杜詩諺解』에 깃든 세종의 뜻을 새기자.

또 볼멘소리가 들려온다. '왕조실록', 그거, 왕들의 일기장 아냐? 수백만 명의 사람들이 만나고 싸우고 연대하여 만드는 것이 인간의 역사이거늘 그 역사를 한두 명의 왕과 장군의 이야기로 대체하는 것, 이거 어린아이들의 만화책 아니냐? 이른바 영웅사관에 입각한 왕조 이야기를 비판하는 볼멘소리다. 그렇다. 나도 예전엔 영웅사관을 싫어했다. 나도 역사를 왕들의 이야기로 보는 것을 비판하는 사람이었다. 하지만 지금은 다르다. 역사는 기록이다.『조선왕조실록』을 왕들의 일기장으로 치부하고 나면 우리에게 남는 것이 무엇일까?『조선왕조실록』이 있기에 조선은 역사를 남긴 왕조가 되었다. 한국인은 기록의 민족이요, 역사를 남긴 민족이다. 3000권이 넘는『승정원일기』는 전 세계사에서 가장 풍부한 기록물이다. 된장을 똥으로 알고 버리는 짓, 그만하자.

이곳저곳에서 선비를 칭송한다. 나 역시 선비 정신을 계승해야 한다고 생각한다. 황희와 맹사성의 청빈을 배우자. 조광조의 도덕을 배우자. 서경덕의 은일, 조식의 강직을 배우자. 역사는 100년에 한 번 나올까 말까 한 선비를 배출해 선비 정신을 심화·발전시켜왔다. 한국인이 역사의 창고에서 끄집어내 갈고닦아야 할 빛나는 조상의 정신이 있다면 그것은 선비 정신이다. 하지만 나는 무작정 선비 정신을 칭송하기보다 있는 그대로 선비의 삶을 직시하고 싶다. 선비 정신은 위대했으나 선비의 삶은 그렇지 않았다. 선비는 대토지를 경영하는 농장주였으며, 노비의 도움 없인 손가락 하나 까딱할 수 없는 사람들이었다.

나는 1000원짜리 지폐의 주인공이 누구인지 몰랐다. 왜 우리가 그분을 존경해야 하는지는 더더욱 몰랐다. 주자朱子의 철학을 모르는 우리가 어찌 퇴계의 철학을 논할 수 있는가? 퇴계와 율곡에 대한 균형 잡힌 견해를 세우려고 힘들게 글을 썼다. 조선 500년 선비의 역사에서 두 분이 차지하는 정신적 위치가 무엇인지 연구하면서 글을 썼다.

노비의 삶을 재현하기 위해 노력했다. 역사의 주체는 민중이라고 하지만 민중을 주체로 역사를 쓰는 것은 무척 힘들다. 기록이 없기 때문이다. 또한 인간의 절반이 여성이건만 여성에 관한 기록도 찾기 힘들다. 선비들의 사랑을 받은 여성들의 기록은 조금 있다. 황진이와 매창, 두향과 유지가 그들이다. 고심 끝에 이 책에는 유희춘의 부인 송덕봉의 글을 싣는다.

이상한 미국인이 있다. 선교사도 아니면서 아예 가족과 함께 한국에 주저앉은 미국인, 미국의 명문 하버드 대학교의 박사 학위를 소지한 그가 한국에서 학생들을 가르치고 있다. 임마누엘 페스트라이쉬Emanuel Pastreich가 도발적인 책 한 권을 출간했다. 『한국인만 모르는 다른 대한민국』[1]이 그 책이다. 그는 한국인보다 더 한국을 사랑하는 미국인이다. 그러니 이상한 미국인이다. 한국인보다 더 한국의 전통을 사랑하는 미국인이다. 그러니 수상한 미국인이다.

그는 말한다. 한국은 이미 선진국의 대열에 들어섰으면서도 선진국 노릇 하길 꺼리고 있다고. 우리가 귀담아들어야 할 고언이다. 언제까지 더 일해야 하고 언제까지 더 벌어야 하는가? 언제까지 남이 만들어놓은 제품을 복사하는 후발 주자의 거지 근성만 반복할 것인가? 그의 비판은 아프다.

그는 묻는다. 한국의 정체성이 무엇인지 말해달라. 그는 말한다. "자신의 과거를 잃어버린 한국인은 한국인의 정체성을 말할 수 없다"고. 그는 주문한다. 선비 정신을 부활시켜달라. 나는 그의 문제 제기가 모두 온당하지는 않다고 본다. 하지만 한국인들은 "과거로부터의 연속성을 전혀 느끼지 못하고 극단적인 단절감 속에 있다"는 지적만큼은 맞다. 그렇다. 우리는 과거를 잃어버렸다. 우리는 우리가 누구인지 모른 채 살아가고 있다.

지난 20년 동안 역사를 생각했다. 정말이지 언제까지 식민사관의 썩은 냄새를 맡으며 살아야 하는가? 경제학을, 철학을 공부했다. 가도 가도 끝이 없었다. 식민사관을 넘어서는 '우리의 한국사', 함께 만들어가자.

 1부

혁명과 개혁

——————— 결국 이성계는 스스로 회군하기로 결심했다. 이성계는 장수들을 이렇게 설득했다.

> "만일 명나라 영토를 침범함으로써 천자로부터 벌을 받는다면 즉각 나라와 백성들에게 참화가 닥칠 것이다. 내가 이치를 들어서 회군을 요청하는 글을 올렸으나 주상께서는 잘 살피지 않으시고 최영 또한 노쇠해 말을 듣지 않는다. 이제는 그대들과 함께 직접 주상을 뵙고 무엇이 옳고 그른가를 자세히 아뢰고 측근의 악인들을 제거해 백성들을 안정시켜야만 한다."

군 서열로 보면 조민수가 이성계보다 위였다. 그렇지만 대부분의 장수가 이성계를 따랐으므로 조민수 역시 이성계의 뜻을 따를 수밖에 없었다. 이성계가 군대를 돌렸다는 소식이 전해지자 우왕과 최영은 황급히 서경에서 개경으로 돌아왔다. 이성계는 천천히 남하했다. 6월 2일 이성계의 군대가 개경성을 둘러쌌고 6월 27일에 도성 안으로 들어가 최영을 체포했다.

1

조선왕조의 설계자, 정도전

세 선비

　　전라도를 향해 귀양길을 떠난 선비들이 있었다. 지금으로부터 200여 년 전 나주 밤남정 주막에서 두 형제가 이별의 밤을 보냈다. 초가집 주점의 새벽 등불이 껌벅껌벅 꺼지고, 창호지 문틈으로 여명의 푸른 기운이 스멀스멀 기어오를 때. "형님." "아우야, 이제 가면……." 형제는 더는 말을 잇지 못한 채 부둥켜안고 오열했다. 형 정약전은 흑산도로 귀양을 가서 불귀의 객이 되었다. 몸은 돌아오지 못했으나 『자산어보玆山魚譜』 한 권이 돌아왔다. 조선 최초의 물고기 생태 연구서다. 동생 정약용은 강진으로 귀양을 가서 18년의 긴 세월 동안 고독과 싸웠다. 단 하루도 쉬지 않고 집필에 전념하여 세계 철학사상 전무후무한 『주역周易』 연구서 『주역사전周易四箋』을 완성한다. 세상은 형제에게 불운을 강제했으나 형제는 운명을 넘어섰다.

400여 년 전 감옥에서 풀려나 남쪽으로 백의종군의 길을 떠난 무장 武將이 있었다. 이순신 장군이다. 이순신 장군은 1597년 4월 3일자 『난중일기』에 이렇게 적고 있다. "맑다. 일찍 남쪽으로 길을 떠났다. 과천에서 말을 쉬게 하고, 저물 무렵 수원에 도착했다." 설상가상이라 했던가? 이때 종 순화가 어머님의 사망 소식을 알려왔다. "슬퍼 뛰며 뒹굴었다. 하늘의 해조차 캄캄했다. 어찌하리. 천지에 나 같은 이가 또 있을까?"라고 일기는 적는다. 선조가 이순신을 풀어준 것은 왜군과 싸우다 죽으라는 의미였다.

600여 년 전 또 이 길을 걸어간 선비가 있었다. 정약용의 문文과 이순신의 무武를 한 몸에 겸비한 선비 정도전이 나주의 거평부곡'으로 유배길을 떠났다. 1375년이었으니 정도전의 나이 34세 때의 일이다. 정약용은 천주교를 가까이했다는 이유로 유배 길을 떠났고 이순신은 선조의 왕명을 고분고분 따르지 않았다는 괘씸죄에 걸려 옥고를 치렀다면, 정도전은 무엇 때문에 유배 길을 떠났던가? 원나라 사신을 영접하라는 왕명을 거부했기 때문이다. 정도전은 "나더러 원나라 사신을 영접하라고 하면 가서 원나라 사신의 목을 베어오겠다"고 했다. 대단한 뱃심이다. 친원 세력 이인임에게 정면 도전한 것이다.

정도전은 도전의 사나이였나? 좀 셌다. 강하면 부러진다. 굴원屈原이「어부사漁父辭」에서 "죄 없이 추방당해 강과 못 사이를 쏘다니고 연못가를 거닐며 슬픈 노래 읊조리니"라고 노래한 것처럼 정도전도 딱 그 신세였다. "온 세상이 흐린데 혼자 맑고 깨끗했으며, 뭇 사람들이 모두 취해 있는데 혼자 깨어 있어서 추방당한 것"이었다. 정도전이 딱 그랬다.

"창랑의 물결이 맑을 땐 갓끈을 씻고, 창랑의 물결이 흐릴 땐 발을 씻으라"는 어부의 지혜를 젊은 정도전은 받아들일 수 없었다. "차라리 강물에 몸을 던져 물고기의 밥이 될지언정 어찌 고결한 몸으로 세속의 티끌을 뒤집어쓸 수 있으리."

위인이 위인인 까닭은 현실에 안주하길 거부하고 시대가 자신에게 부과한 소명에 충실했기 때문이다. 현실은 모순이요, 아픔이다. 시대의 과제를 해결하기 위해 뜻을 세운 이를 기다리는 것은 가시밭길이다.

전라남도 나주에 가면 정도전의 유배지인 백동 마을이 나온다. 두 칸짜리 꾀죄죄한 초가가 산자락 아래 외로이 서 있다. 방 한 칸은 한 몸 누이기도 힘든 비좁은 서재이고 다른 한 칸은 대숲에 둘러싸인 마루다. 서울 신림동 고시촌, 고시생들이 우거하는 한 평짜리 쪽방과 흡사하다. 정도전은 이 좁은 곳에서 3년의 유배 생활을 견딘다. 원래 배부른 삶을 추구하지 않았기에 한 몸의 고생쯤이야 아무것도 아니었을 것이다. 그런데 사람들의 입방아가 거슬린다. 정도전이 남긴 「답전부答田夫」를 읽노라면 그 시절 이곳 거평부곡 소재동 마을 사람들의 수군거리는 소리가 생생하게 들린다.

"조정의 벼슬아치라면 죄를 짓고 추방된 사람인데 무슨 죄를 지었담?"

"나라의 재산을 빼먹었겠지."

"권력의 줄을 잘못 타서 귀양 온 게 아닐까?"

"저 양반 품새로 보아 나쁜 짓을 하지는 않은 것 같아."

"바른 말 하기 좋아하여 괘씸죄에 걸린 것이겠지. 쯧쯧."

유배된 자의 고뇌

외로운 선비에게 한 통의 편지가 온다. 고향에서 부인이 보낸 편지다.

"당신은 평생 책만 읽으셨어요. 밥이 끓든 죽이 끓든 신경을 쓰지 않았고 집안 형편은 말이 아니었답니다. 한 됫박의 쌀이 없어 끼니를 때우지 못한 적이 있었고, 아이들은 춥고 배고프다며 울어댔지요. 당신께서 언젠가 크게 이름을 떨칠 것을 믿었기에 다 이겨낼 수 있었습니다. 그런데 이게 뭡니까? 끝내 당신은 국법을 어겼고, 남쪽 외진 곳으로 귀양을 가다니요? 당신 때문에 형제들까지 어려운 처지에 빠진 것을 아시나요? 얼마 되지 않던 재산마저 탕진되고 말았어요. 세상 사람들은 당신을 비웃고, 집안 꼴은 이 지경에 이르렀어요. 현인군자가 진실로 이런 것입니까?"

조강지처가 보낸 가슴 아픈 편지였다. 남편과 아내는 일심동체이니 아내의 고생은 그렇다 치자. 고려의 우왕 정권은 정도전의 형제들까지 괴롭혔나 보다. 나 혼자 고생하는 것은 견딜 수 있지만 나로 인하여 형제들까지 괴롭힘을 당하면 속으로 피눈물이 난다. '군자의 삶이 이런 것'이냐는 물음 앞에 정도전은 통곡했을 것이다. 왜 선한 사람이 화를 당하고 악한 자가 복을 누리는가? 어찌하여 옳은 일에 헌신하는 사람이 도리어 핍박을 받고 위선자, 타락한 자가 거꾸로 부귀영화를 누리는가? 과연 정의를 위해 살 필요가 있는가? 과연 정의는 존재하는가?

사마천司馬遷이 그랬다. 흉노족을 맞아 용맹하게 싸운 이릉李陵의 결백을 옹호하다 한 무제에게 밉보인 사마천은 생식기를 거세당하는 궁형을 당하고 옥중에서 『사기史記』를 집필했다. 그때 그의 심정은 어땠을까? 사마천은 항변했다.

"백이숙제伯夷叔齊는 두 임금을 섬길 수 없다며 고사리를 먹다가 죽었고, 공자孔子의 제자 안회顔回는 굶기 일쑤였다. 그런데 도척盜跖은 매일같이 죄 없는 사람들을 죽이고도 천수를 누렸으니 도대체 천도天道가 있는 것인가?"

정도전도 하늘에 물었다. 어찌하여 세상은 이다지 불공평하고 이렇게 편파적인가? 왜 하늘은 의인을 시련에 빠뜨리고 악인에게 부귀를 주는가? 정도전은 묻고 또 물었다. 밤이 깊으면 새벽이 오듯, 회의가 깊으면 회의의 끝이 온다. 궁즉통窮則通이다. 그래, 운명을 탓할 것이 아니다. 운명을 넘어서자.

인의와 도덕을 낳는 것은 하늘이지만 인의와 도덕을 돌보고 키우는 것은 사람의 몫이 아닐까? 인의와 도덕은 저절로 오는 것이 아니다. 인의와 도덕은 인간의 손에 의해 실현되는 것이다. 정의가 승리하지 못한다면 그것은 하늘의 책임이 아니라 인간의 책임이다. 불의한 세상을 만났다고 탓하지 마라. 불의한 세상을 바로잡지 못하고 있는 나 자신을 반성하자. 너는 불의를 바로잡기 위해 얼마나 애를 썼는가?

　국사범으로 낙인찍혀 강진에 유배 간 정약용을 따스하게 돌봐준 이는 시골의 주막집 할머니였다. 백의종군하여 전라도에 내려간 이순신. 사방에서 관아가 불타고 사람들이 피난길을 떠나는 난리 통에도 이순신에겐 그를 믿고 따르는 남도의 바닷가 사람들이 있었다. 정도전 역시 외롭지 않았다. 거평부곡의 소재동에는 정도전을 보살펴준 농부가 있었다. 황연黃延이다. 황연의 집은 술을 잘 빚었다. 애주가였던 황연은 술이 익으면 반드시 정도전을 불러 함께 마셨다. 정도전은 시골 사람들이 겉치레가 없고 성품이 모두 순박하다는 것을 알았다. 황연도 정도전의 인품과 학식에 탄복했을 것이다. 하늘엔 별이 총총하다. 밤이 깊도록 함께 마시는 술이 있고 고담준론高談峻論이 있으니 무엇이 부러우리.

선비의 자세
|

　　　　정도전은 3년간 나주에서 귀양살이를 하고 또다시 6년 동안 떠돌이 생활을 했다. 이 9년의 기간은 시련의 시기였지만 현실을 새롭게 인식한 시기이기도 했다. 고려 말 백성은 도탄에 빠졌다. 권문세족은 농민을 협박하여 토지를 빼앗았다. 농민들은 1년 내내 힘들여 농사 지어봐야 지주에게 바칠 소작료조차 마련하기 어려웠다. 게다가 왜구의 침략으로 삶의 터전을 잃고 피난 다녀야 했다. 우왕 시대 왜구의 침략은 극에 달했다. 우왕이 재위한 14년 동안 왜구의 침략은 250회가 넘

었다. 백성들은 통탄했고 조정에 대해 절망했다.

백성들이 고통을 겪을 때 선비는 무엇을 해야 할까? 정도전은 자기를 성찰했다. 많이 안다는 유학자들이 세상을 구한다고 말로만 떠들고 아무런 실천도 하지 못하니 이거야말로 허위가 아닌가? 정도전은 천지의 이치에 통달하고 인간의 도리를 밝게 하며 고금의 역사에 정통하고 성인의 가르침을 따르며 산다고 자부했다. 하지만 진정한 선비는 자기를 뽐내며 이름이나 내고자 하는 사람이 아니다. 실천하는 사람이다.

정도전은 귀양살이를 하면서 백성의 처지를 이해했고 구제도를 타파할 새 나라의 필요성을 절감했다. 큰 뜻을 품게 되었다. 뜻을 펼치려면 사람이 있어야 한다. 그러나 정도전은 고독했다. 자신이 관직에 있을 때는 의기투합했던 친구들이 모두 연락을 끊었다. "나에게는 친구들이 있어서 우정이 형제보다 나았는데 내가 패한 것을 보더니 뜬구름처럼 흩어졌소." 그는 부인에게 보낸 편지에서 말했다.

그때 정도전은 이성계를 떠올렸다. 1383년 9년에 걸친 유배와 유랑 생활 끝에 정도전은 이성계를 만나기 위해 함경도로 향했다.

'가자, 함주로!'

철인왕

|

600년 전의 한반도에서 잠시 눈을 돌려 2400년 전의 지중해로 가보자. 기원전 399년 스승 소크라테스가 독배를 마시자 제자 플라

톤은 아테네를 떠난다. 『소크라테스의 변론』을 따라 읽노라면, 세상에 둘도 없이 착한 영혼으로 살아간 스승에 대한 제자의 사랑이 느껴지고 죄 없는 스승에게 사형을 선고한 아테네 민중에 대한 쓰라린 회오가 느껴진다. 세상 같은 것은 더러워 버린다고 했던가. 플라톤은 고향 아테네를 등지고 시칠리아행 배를 탄다. 쏟아지는 밤바다의 별빛을 보면서 청년 플라톤은 무슨 생각에 잠겼을까? 그가 남긴 편지는 말한다.

"철학 하는 사람이 권좌에 오르거나 권력자가 철학을 하기 전에는 인류에게 재앙이 그치지 않을 것이다."[2]

그 유명한 철인왕의 이념이다.

플라톤은 두 부류의 철인왕을 고안했다. 한 부류는 철인이 왕이 되는 것이고, 또 다른 부류는 왕이 철인이 되는 것이다.[3] 전자의 경우는 소크라테스나 공자와 같은 위대한 철인이 직접 최고 통치자가 되는 것이고, 후자의 경우는 어린 시절부터 세자를 잘 가르쳐서 철인왕으로 키우는 것이다.

철인왕은 흔하지 않다. 아리스토텔레스가 키운 알렉산드로스 대왕, 조선의 세종과 정조가 대표적인 철인왕이다. 그런데 철학자가 왕이 된 경우는 없다. 로마의 카이사르, 프랑스의 나폴레옹을 철인왕[4]으로 보아 줄 수 있을까? 엄밀히 보면 카이사르는 문무를 겸비한 장군이었고 나폴레옹은 계몽사상으로 무장한 혁신적 군인이었다.

철학자가 자신의 혁명적 사유에 의거하여 권력을 장악하고 세계를 바꾼 경우는 러시아의 혁명 지도자 레닌에게서 찾아볼 수 있다. 1917년 11월 혁명을 일으키고 1924년 뇌출혈로 죽기까지 그가 수행한 혁명적 조치들은 20세기 세계사를 뒤바꾸었다.

눈을 돌려 동아시아를 살펴보자. 기원전 500년 천하를 주유한 공자가 바로 철인정치가였다. 물론 그는 실패했다. 현실 정치에서는 실패했으나 교육과 저술 작업으로 이후 2500년 동안 동아시아의 정신계를 장악한 사람이 바로 공자다. 그가 키운 제자들은 모두 도덕 정치를 구현하고자 애쓴 이상주의자였다. 공자-증자曾子-자사子思의 계보에서 또 한 명의 이상주의자가 나온다. 바로 공자 사상의 좌파라고 평가할 수 있는 맹자孟子다. 맹자 역시 실패한 정치가였다.

"왕이시여, 당신이 왕이라면 백성의 살림살이를 돌볼 생각을 해야지, 당신의 사익을 탐해서야 왕이라고 할 수 있겠습니까?"

맹자는 왕에게 삿대질한 선비였다. 어느 왕이 이런 사람을 좋아하겠는가? 맹자는 실패했지만 그의 책 『맹자』는 성공했다. 맹자가 죽고 1600년 뒤에 그의 사상은 부활한다. 동아시아의 동쪽 끝에서.

몽둥이로 살인하는 것과 칼로 살인하는 것 사이에 무슨 차이가 있습니까? 칼로 살인하는 것과 정치로 살인하는 것 사이에 무슨 차이가 있습니까? 부엌에는 기름진 고기가 있고 마구간에는 살찐 말이 있는데 백성들은 굶주린 기색을 하고 들에는 굶어 죽은 시체가 있다면 이것은 짐승을 몰아다가 사람을 잡아먹게 하는 것입니다. 짐승들이 서로 잡아먹는 것을 사람은 싫어합니다. 백성의 부모가 되어 정치를 하면서 짐승을 몰아다가 사람을 잡아먹게 하는 데서 벗어나지 못하고 있으니, 어디에 백성의 부모됨이 있습니까?[5]

맹자를 사랑한 청년

정도전에게 『맹자』를 건네준 사람은 정몽주였다. 정도전은 1366년 부친상을 당하여 3년간 여묘살이를 하고 있었다. 이때 정몽주로부터 한 보따리의 책 선물이 왔다. 25세 때의 일이다. 정도전은 『맹자』의 민본民本 정치 이념에 따라 고려왕조의 역성혁명을 꿈꾼다.

제 선왕宣王이 물었다. "탕湯 임금이 폭군 걸桀을 내쫓고, 무왕武王이 폭군 주紂를 정벌했다는데 그런 일이 있었습니까?" 맹자가 대답했다. "전해오는 책에 있습니다." "신하가 그 임금을 시해해도 됩니까?" "인仁을 해치는 자를 적賊이라 하고, 의義를 해치는 자를 잔殘이라 합니다. 잔적한 자를 일부一夫라고 하는데, 일부에 지나지 않는 폭군 주를 죽였다는 말은 들었어도 그 임금을 시해했다는 말은 듣지 못했습니다."[6]

공자와 맹자라고 하면 우리는 충효忠孝 사상부터 떠올린다. 이것은 『논어論語』와 『맹자』를 읽지 않은 무지의 소치다. 예수를 믿으면 천당에 가고 예수를 안 믿으면 지옥에 간다고 떠드는 것이나 윤회 사상이 석가

모니의 창안이라고 떠드는 것은 모두 예수와 석가모니의 가르침이 무엇인지 모르면서 하는 말이다. 마찬가지로 『논어』 전편에서 공자가 강조하는 사상의 핵심은 인과 예禮이지, 충과 효가 아니다. 맹자가 『맹자』 전편에 걸쳐 강조하는 것은 민본 사상이요, 역성혁명의 정당성이었다.

펜은 칼보다 더 강하다고 셰익스피어는 말했다. 맞는 말이다. 칼의 권세는 고작 10년이지만 글의 힘은 1000년을 간다. 하지만 철인정치가가 품은 원대한 이념은 힘을 만나야 실현된다. 공자가 천하를 주유하면서 왕을 만나 유세했던 것이나 플라톤이 세 번이나 시칠리아에 가서 디온을 만났던 것은 왕의 힘을 빌려 이념을 실현하기 위해서였다. 정도전도 마찬가지였다. 유배를 떠날 당시 그는 다짐했다.

"예부터 사람은 한번 죽는 것이니自古有一死 구차한 삶은 편안하지 않노라偸生非所安."

②

이성계와 정도전의 만남

신궁 이성계

20여 년 전 『조선왕조실록』을 보았다. 「태조실록」에서는 이성계의 활솜씨에 대한 묘사가 참 재미있었다. 화살 하나로 까치 일곱 마리를 잡고, 화살 하나로 곰 네 마리를 잡았다는 일화는 만화 같기도 했다. 하지만 멀리 떨어져 있는 소나무를 가리키며 가지의 솔방울을 쏘아 맞혔다는 이야기는 그럴 듯했다. 이성계가 화살을 일곱 번 쏘아 일곱 번 모두 맞히자 군졸들이 발을 구르고 춤을 추며 환호했다는 기록도 있다. 아마 이성계가 군졸들의 사기를 진작시키기 위해 묘기라도 보였나 보다. 사냥을 나가면 이성계의 활솜씨는 빛을 더한다. 이성계는 짐승을 쏘면 반드시 오른쪽 등뼈만 맞혔다고 한다. 사슴 40마리를 쏘아 모두 등골을 맞히자 사람들이 그 신묘한 궁술에 탄복했다고 한다. 자신의 활솜씨를 과시하기 위한 이성계의 객기였을까?

밤이 깊도록 나는 신궁 이성계에게 빠져들었다. 만일 주몽과 이성계가 올림픽 양궁 시합에 나가 결승전에서 우열을 가리게 되었다면 누가 목에 금메달을 걸까? 둘 다 신궁이기에 우열을 가리기 힘들 것이다. 그런데 아쉽게도 주몽 측이 내놓을 만한 자료가 약하다. 실록에 빠져들어 보자. '태조가 왜적을 격퇴하니 이색이 시를 지어 치하하다'라는 대목이 나의 눈을 사로잡았다. 젊은 시절 이성계의 무용이 로마의 카이사르와 다를 바가 없는데도 우리는 인색하다. 카이사르를 세계사에 빛나는 명장으로 추켜세우는 데는 아무 이견이 없으면서 이성계를 왜구의 침략을 물리치고 나라를 구한 일세의 명장이라고 추켜세우는 데는 주저한다.

기록에 의하면 금수강산은 처참했다. 왜구들은 바닷가 마을을 휩쓸었다. 마을이 불에 탔고 시체가 산과 들판을 덮었다. 약탈한 곡식이 땅에 버려져서 한 자나 쌓였고 죽은 아이들이 산더미를 이루고 길과 내가 피바다였다고 한다. 왜구들은 어린 계집아이의 배를 갈랐단다. 1380년(우왕 6년) 8월의 일이다.

왜구들 중 날랜 적장이 있었다. 나이는 겨우 15~16세 정도로 보였단다. 그런데 골격과 용모가 범상치 않은 데다 사납고 용맹하기가 비할 데 없었단다. 이자가 백마를 타고 창을 휘두르며 진격하면, 대적할 사람이 없었다고 한다. 왜장 아기발도阿其拔都였다. 아기발도의 목과 얼굴은 온통 갑옷과 투구로 싸여 있어서 화살을 맞힐 틈을 찾을 수 없었다.

태조는 함께 싸우는 아우 퉁두란에게 말했다. "내가 저놈의 투구 꼭대기를 쏠 것이니, 투구가 벗겨지는 순간 즉시 쏘아라." 태조는 화살 한

개를 날렸다. 아기발도의 투구 끈이 끊어졌다. 태조는 화살 한 개를 또 날렸다. 투구가 마침내 땅에 떨어졌다. 이에 퉁두란이 화살을 쏘아 아기발도를 죽였다. 적군은 무너졌다. 태조가 앞장서서 공격하자 적의 날랜 군사가 거의 다 죽었다.

우리는 운봉의 황산벌 전투가 고려 말 왜구의 격퇴 과정에서 어떤 의미를 가지고 있는지 정확히 평가할 안목이 없다. 정몽주와 정도전의 스승 이색은 이름 높은 성리학자였다. 그런 대학자가 일개 무장의 전승을 치하하여 시[7]를 보낸다. "적의 용장 죽이기를 썩은 나무 꺾듯이 하니, 삼한의 좋은 기상이 공에게 맡겨졌네." 고려 왕실은 왜장 아기발도 앞에서 얼마나 불안에 떨었던 것일까?

왜장 아기발도의 투구 끈을 맞힌 이성계의 신궁에 빠지다 보면 자칫 놓치는 것이 있다. 정몽주가 그 명성을 시샘할 만큼 이성계의 이름이 높은 데는 신궁보다 중요한 다른 이유가 있었을 것이다. 바로 이성계의 인격이다. 운봉 전투에 참가한 군사들이 진을 치기 위해 땅에 박는 나무 기둥을 대나무로 바꾸자고 제안했다. 그러나 이성계는 백성들이 심고 가꾼 대나무를 거저 베어다 쓸 수는 없다고 했다. "태조는 이르는 곳마다 민간의 물건은 털끝만 한 것도 범犯하지 않았다"고 실록은 적는다.[8]

이는 작지만 중요한 사실이다. 중국국민당을 이끌던 장제스蔣介石가 중국공산당의 마오쩌둥毛澤東에게 패해 대륙을 잃고 타이완으로 쫓겨난 이유가 무엇인가? 바로 이것이다. 바늘 하나라도 인민의 것을 탈취하면 안 된다는 마오쩌둥의 군율 때문이었다. "토지를 농민에게"를 주창하고 실천한 중국공산당의 노선이 중국 인민의 가슴을 휘어잡았다면 바늘 하나라도 빼앗지 말라는 팔로군八路軍의 군율이 중국 인민의 심장을 휘어잡았던 것이다. 이성계가 혁명가였는가? 나는 답하지 못한다. 분명한 것은 이성계가 백성의 편에 선 장수였다는 점이다. 이성계, 그는 어진 사람이었다.

신궁보다 더 중요한 사실이 있다. 실록은 증언한다. 이성계는 항상 겸손했다. 활쏘기를 하면서도 이기는 것을 좋아하지 않았다. 그는 상대방이 과녁을 맞히는 것을 보면서 서로 비슷하게 쏘았다고 한다. 사람들이 이성계에게 활솜씨를 보여달라고 하면 겨우 화살 한 개만 더 맞힐 뿐이었다.[9] 이성계의 주위에 많은 장수가 모여든 것은 우연이 아니었다. 어떤 사람은 이성계를 계략의 장수라고 폄하하기도 하지만 계략만으로는 사람의 마음을 얻지 못한다. 실록은 전한다.

"태조는 성품이 엄중하고 말이 적었다. 평상시 항상 눈을 감고 앉았다. 사람들이 모두 그를 두려워하면서도 그를 흠모했다. 부하들을 존대했고 평생 꾸짖는 말이 없었다. 여러 장수들과 부하들이 모두 그에게 소속되기를 원했다."

더 이상 나가면 『용비어천가』가 될 수도 있으니 여기에서 멈추자.

이성계와의 만남

정도전이 이성계를 만나기 위해 함경도로 길을 떠난 것은 가을이었다. 함경도의 겨울은 일찍 시작된다. 계절은 가을이지만 함경도

에는 이미 겨울의 추위가 시작되고 있었다. 이성계는 백성의 지지를 받는 무장이었다. 새로운 나라를 만들려면 반드시 필요한 사람이었다. 이것이 정도전이 추위를 견뎌가며 일면식도 없는 이성계를 찾은 이유였다. 『용비어천가』는 이날의 만남을 이렇게 노래했다.

정도전은 동북면에 와서 태조의 군영을 보고 감탄했다. "군대가 정말 아름답습니다. 이 군대면 무슨 일을 못하겠습니까?" 태조가 무슨 말이냐고 묻자 정도전은 둘러대어 말했다. "왜를 친다는 말입니다." 군영 앞에 노송 한 그루가 있어 정도전은 시 한 수를 썼다. "아득한 세월 한 그루 소나무 있어. 청산에서 얼마를 자랐나. 잘 계시오. 우리 다시 만날 날 있을까? 인간사 굽어보면 모두 순간이라네."[10]

소나무는 이성계다. 인간사 한순간이니, 세
월을 낭비하지 말고 어서 다시 만나 큰일을
도모하자는 뜻이다. 저 안하무인의 권문세
족, 한 줌도 되지 않는 칼잡이들 밑에서
신음하는 동포들을 보고만 있을 것인가?
이성계여!

　이성계와 정도전은 의기투합했다. 그
로부터 5년 뒤인 1388년에 역사를 바꿀
사건이 일어났다.

위화도

1388년은 고려의 역사를 바꾼 해다. 그해 5월 22일 이성계는 압록강 안에 있는 섬 위화도에서 군대를 돌렸다. 바로 위화도회군이었다.

그해 2월 명나라는 철령(함경도와 강원도의 경계를 이루는 고개) 이북 땅이 원나라 영토였으므로 요동에 귀속시키라고 요구했다. 이때 최영은 요동 정벌을 계획했다. 우왕은 최영에게 의존하고 있었기 때문에 그 계획에 따랐다. 3월 1일에 우왕은 최영의 딸을 왕비로 맞아들였다. 두 사람은 군신의 관계를 넘어 장인과 사위의 관계가 되었다.

4월 1일 우왕은 이성계에게 요동 정벌을 알렸다. 이성계는 즉각 네 가지 이유를 들어 반대했다. 우왕은 동요했지만 최영의 뜻은 확고했다. 이성계와 최영은 명나라의 요구를 거절해야 한다는 점에서 생각이 같았다. 그러나 방법이 달랐다. 최영은 요동 정벌을 통해 철령 이북에 대한 관할권을 확고히 하고자 했다. 그러나 이성계는 요동 정벌이 명나라의 보복으로 이어져 백성들이 참화를 겪을 것이라고 판단했다.

5월 7일 조민수를 좌군도통사, 이성계를 우군도통사로 한 요동 정벌군이 위화도에 도착했다. 군사의 규모는 5만 명이었다. 최영은 팔도도통사였지만 서경에 머물렀다. 그는 "이성계가 정치적 야심이 있다"는 소문을 들었기 때문에 직접 군대를 이끌고자 했다. 그러나 우왕이 한사코 만류했기 때문에 우왕과 함께 서경에 눌러 있을 수밖에 없었다.

요동 정벌군이 위화도에 도착한 직후부터 탈영병이 속출했다. 5월 13일 이성계는 조민수와 함께 회군을 요청하는 건의서를 올렸다. 그러나 우왕과 최영은 회군을 허락하지 않았다. 5월 22일 이성계와 조민수는 최영에게 사람을 보내 "굶어 죽는 군사가 속출하고 수심이 깊어 더 이상 진격하기가 곤란하니 속히 회군을 허락해달라"고 재차 건의했지만 최영은 또다시 거절했다.

결국 이성계는 스스로 회군하기로 결심했다. 이성계는 장수들을 이렇게 설득했다.

"만일 명나라 영토를 침범함으로써 천자로부터 벌을 받는다면 즉각 나라와 백성들에게 참화가 닥칠 것이다. 내가 이치를 들어서 회군을 요청하는 글을 올렸으나 주상께서는 잘 살피지 않으시고 최영 또한 노쇠해 말을 듣지 않는다. 이제는 그대들과 함께 직접 주상을 뵙고 무엇이 옳고 그른가를 자세히 아뢰고 측근의 악인들을 제거해 백성들을 안정시켜야만 한다."

군 서열로 보면 조민수가 이성계보다 위였다. 그렇지만 대부분의 장수가 이성계를 따랐으므로 조민수 역시 이성계의 뜻을 따를 수밖에 없었다. 이성계가 군대를 돌렸다는 소식이 전해지자 우왕과 최영은 황급

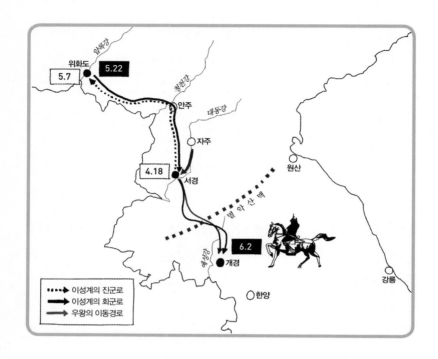

히 서경에서 개경으로 돌아왔다. 이성계는 천천히 남하했다. 6월 2일 이성계의 군대가 개경성을 둘러쌌고 6월 27일에 도성 안으로 들어가 최영을 체포했다.

회군의 진실

그날의 진실은 아무도 모른다. 우왕의 요동 정벌 결정이 올바른 결정이었던가. 과연 우왕의 북벌이 민족을 중흥시킬 일대 쾌거였

느지를 판단하기에는 우리가 그날로부터 너무 멀리 떨어져 있어서 명의 주원장朱元璋과 고려의 우왕 간에 조성된 긴장의 속내를 다 헤아리기 힘들다. 고려 내부의 권력투쟁을 샅샅이 파악하지 못하고 있는 처지에 북벌이 옳은가 회군이 옳은가를 쉽게 판단할 수 없다. 정치에서 99퍼센트 옳은 결정은 없다. 모든 정치적 결정은 51퍼센트 대 49퍼센트의 갈등 속에서 이루어진다. '황금을 돌 보듯 하라'는 최영의 인격을 믿는다면 북벌 쪽으로 기울고[11], 백전노장 이성계의 판단력을 믿는다면 회군 쪽으로 기운다.

그런데 나는 이성계의 회군이 결코 모략에 의한 결정이 아니었음을 먼저 상기하고 싶다. 이성계는 요동 정벌이 여러 면에서 무리한 행동임을 공개적으로 분명하게 주장했다. 작은 나라가 큰 나라를 거스르는 일은 옳지 않다, 여름철에 군사를 동원하는 것은 부적당하다, 요동을 공격하는 틈에 왜구가 창궐할 것이다, 무덥고 비가 많이 오는 시기엔 활의 아교가 풀어지고 병사들이 전염병에 걸릴 염려가 있다. 이른바 사불가론四不可論이다. 최영과 이성계는 젊음을 나라와 민족을 위해 바친 덕장이었다. 그런데 두 지도자의 견해가 갈라졌다. 어느 쪽이 옳은가? 이성계는 사불가론을 냈다. 그런데 최영은 답이 없었다. 요동 정벌의 전략적 목표가 뭐냐? 북경까지 진출하여 명나라를 폐하는 것이냐, 아니면 요동의 몇몇 성을 장악하는 것이냐? 5월은 농사철이라 때가 적절하지 않으니 정벌의 시기를 10월로 연기하자는 이성계의 제안에 대해서도 아무 답이 없다.

문제는 우왕이었다. 백성의 안위가 달려 있는 국가 대사의 최종 결정권자는 왕이다. 결정권자는 책임을 져야 한다. 우리는 임진왜란 초기에 한양을 버리고 도망치는 선조를 보며 분개한다. 선조의 피신은 작전상 후퇴가 아니었다. 서울과 백성은 나 몰라라 팽개치고 저 혼자 목숨을 구하려는 촌부의 선택이었다. 선조는 왕이 아니었다. 마찬가지로 1388년 봄과 여름 사이 우왕의 처신은 왕의 처신이 아니었다.

1388년 3월 우왕은 최영의 딸을 왕비로 맞는다. 전쟁을 앞두고 새색시를 맞이하다니. 그것은 정략결혼이었다. 믿을 사람은 최영밖에 없으니 최영 딸과의 정략결혼을 통해 자신의 안전을 확보하려는 속셈이었다. 4월 초하루 우왕은 느닷없이 이성계에게 북벌을 명한다. 이 자리에서 이성계는 자신의 소신을 밝히지만 우왕은 막무가내였다. 이어 최영

을 팔도도통사로 임명하고 북벌을 다그친다. 그러다 갑자기 최영의 출전을 만류한다. "경이 간다면 누구와 더불어 정사를 하겠는가?" 왜 우왕은 요동 정벌을 반대하는 이성계를 전쟁터로 내보내고, 요동 정벌을 주창한 최영을 붙들었을까?

전쟁은 소꿉장난이 아니다. 군사를 일으키려면 준비를 해야 한다. 최소 1년 전부터 군량미를 비축해놓아야 한다. 『고려사高麗史』는 그해 1월 가까스로 백관들에게 녹봉을 지급했다고 적었다. 토지제도가 무너지고 조세제도가 파탄난 지 오래였다. 토지제도와 조세제도가 망가졌는데 군대는 온전할까? 땅을 빼앗기고 소출의 8할을 귀족들에게 바치는 고려 백성 가운데 누가 나라를 위해 죽길 각오할 것인가? 우왕의 요동 정벌은 준비된 전쟁이 아니었다.

불타는 토지 문서

1388년 위화도회군에서 1392년 조선왕조 개창에 이르기까지 정도전과 이성계가 주도했던 사건들을 혁명이라 부를 수는 없다. 왜냐하면 고려왕조를 폐했지만 왕을 폐하진 못했기 때문이다. 공자와 맹자의 민본 사상을 이념으로 걸었으나 정도전의 민본 사상은 신분제를 폐지하는 자유 평등 사상은 아니었다. 모든 토지를 농민에게! 정도전은 고대인의 이상이었던 정전제井田制를 실현하고 싶었다. 모든 농민에게 식구수에 따라 토지를 분배하는 '계민수전計民受田'의 기획은 원안 그대로 실현되지는 못했다. 따라서 정도전이 한 일을 우리는 혁명이라 부르지 않는다.

　하지만 생각해보자. 1390년 9월 정도전과 이성계는 권문세족의 토지 문서를 압수하여 불을 질러버렸다. 인류의 역사에서 지배계급이 고통받는 민중의 편에서 토지대장을 불사른 적이 한 번이라도 있었던가? 고려 말 60~70명의 권문세족이 사유한 농장의 규모는 평균 2000결에서 3000결이었다고 한다. 1000결은 300만 평. 여의도 크기다. 권문세족들의 농장에 사원 소유의 농장을 더하면 전체 고려 농지의 절반이 넘었을 것이다.[12] 1388년 1월 관리들에게 녹봉조차 제대로 지급하지 못했던 것은 권문세족의 토지 겸병兼倂에 그 원인이 있었다.

그 시절 농민을 만나 물어보자. 살림살이 어떠십니까? 자작농은 살만했다. 문제는 작인(소작농 혹은 차지농)이다. 고려 말은 토지의 태반이 권문세족의 농장이었다고 한다. 남의 땅을 부쳐 먹는 대가로 소출의 절반을 갖다 바치는 병작반수제並作半收制는 오래된 농촌의 관습이었다. 1결의 땅을 농사지어 30석의 쌀을 수확한다. 추수하는 들판에서 농장의 마름이 기다리고 있다가 15석을 빼앗아간다. 나머지 15석으로 열 식구가 어찌 살까? 풍년이라면 근근이 호구를 이어가겠지만 한 해 걸러 찾아오는 가뭄과 홍수 그리고 그로 인한 흉년이 닥치면 이제 기다리고 있는 것은 굶주림의 저승사자다.

1388년 7월 조준이 토지개혁 상소문을 올렸다. 총대를 멘 것이다. 조준의 등 뒤에서 총구를 겨냥하고 있는 자는 정도전이다. 누굴 향해 겨냥하는가? 위화도회군 이후 최영이 실각한 고려 조정에서 권문세족의 이익을 대변하는 보수파의 수장은 정도전과 정몽주의 스승 이색이었다. 우왕에 이어 보위에 오른 창왕에게 조준은 격렬한 상소문을 제출했다.[13] "임금의 정사 중에서 토지 제도를 바로잡는 것만큼 중요한 게 없습니다. 나라의 운수가 길고 짧은 것은 전제에 달려 있습니다. 호소할 곳 없는 백성들이 구렁텅이에 빠져 죽어나고 있습니다. 소작료를 충당하지 못하여 빚을 내고 있는 실정입니다. 아내와 자식을 팔아도 빚을

───────── 역사 책을 읽다 보면 농민을 가리키는 용어가 많이 등장한다. 전주田主와 전객佃客, 전가田家와 전부佃夫 등 전호에 관계된 용어들이 우리를 헷갈리게 한다. 『경국대전經國大典』은 수조권자인 관료를 전주라 하고, 농민을 전객으로 규정했다. 세종 원년(1418년)의 기사에 의하면 전호는 전객의 별칭이었다. 세조 7년 농민을 전부로 규정한다. 물론 자작농이다.

그런데 1610년대 허균의 『한정록閑情錄』에선 사족의 농장에서 일하는 농부를 전인佃人이라 했다. 허균의 전인은 병작제竝作制 하의 차지농이다. 유형원의 『반계수록磻溪隨錄』에서는 차지농을 전가라 했고, 박지원의 『과농소초課農小抄』에선 전부라고 했다. 정약용은 차지농에 대해 전가, 전부, 전객 등 여러 명칭을 사용한다.

용어의 의미가 반전된 것이다. 본디 전호는 국가 지배 하의 일반 농민을 뜻했다. 그런데 세월이 흘러 전호가 남의 땅을 경작하는 차지농을 가리키는 것으로 의미가 반전된 것이다. 남의 땅을 경작하는 차지농에 대한 일반적 호칭은 작인이다.

지주와 소작이란 말은 일제강점기에 일본인이 유포한 용어다. 그리하여 해방 이후 한국사 연구자들은 조선 병작제의 작인을 전호로 인식하게 된다. 이상은 이영훈의 논문 「조선전호고朝鮮佃戶考」를 요약한 내용이다.

감당할 수 없으니 원통한 소리가 하늘에 사무치고 있습니다." 권문세족들이 벌 떼처럼 달려들어 조준의 토지개혁 요구를 막았다. 권력의 실세 이색이 앞장서서 조준을 비판했다. "예부터 내려온 제도를 경솔히 고쳐서는 안 되는 법이야!"

조준은 다시 상소한다. 조준은 더 급진적인 주장을 내놓는다. 양전사업을 시행하라. 토지를 다시 측량하고 토지대장을 다시 작성하라.

정국은 가파르다. 최영이 고려왕조의 수구파라면 이색은 보수파였다. 이색은 정몽주와 정도전의 스승이다. 정몽주가 온건 개혁파라면 정도전은 급진 개혁파였다. 최영은 인격이 훌륭했지만 고려 왕실에 무작

정 충성만 했다. 이색은 말로는 토지개혁의 필요성을 언급했지만 정작
토지개혁의 실행 앞에서는 주저했다. 1388년 7월에 시작된 전제개혁
투쟁은 보수 세력을 제거하지 않고선 한 발도 나아갈 수 없었다. 보수
파의 실세 조민수를 탄핵한다. 이성계가 수시중의 역할을 맡는다. 1389
년 12월 마침내 양전 사업이 완료된다. 1390년 1월 새로운 토지대장을
반포했고 그해 9월 옛 토지 문서를 모두 불살라버렸다.

　이처럼 고려 말에 단행된 토지개혁은 보수 세력과 진보 세력 간의 치
열한 권력투쟁 속에서 전개되었다. 실록은 말한다. "온 나라가 크게 기
뻐했으며 백성의 마음이 더욱 쏠리게 되었다"고.[14] 이성계는 백성의 편

에서 싸운 사람이요, 투쟁 속에서 민심을 획득한 사람이다. 천명天命은 이성계에게 기울어가고 있었다.

『용비어천가』제73장은 이때의 공훈을 기려 노래했다. "도적의 무리 호족들의 약탈이 백성들을 괴롭혀 태조께서는 전제를 고치시니." 정도전과 이성계의 토지개혁은 혁명이 아니었다. 혁명적 개혁이었다. 40년 동안 우리는 재벌개혁을 외쳤지만 재벌의 상속세 탈세조차 바로잡지 못했다. 고려의 권문세족은 한국의 재벌이었다. 정도전과 이성계가 해낸 일은 혁명이 아니었으나 재벌개혁에 맞먹는 혁명적 개혁이었다고 나는 평가하고 싶다. 토지개혁은 그 추진자에게 민심을 안겨주었고 역사의 수레바퀴를 굴리는 힘을 주었다.

개국

조선의 제1대 왕

　정몽주는 1391년 9월 정도전을 탄핵하여 귀양 보냈다. 1392년 4월 이성계가 사냥하다 낙마하여 부상당했다. 정몽주는 정도전과 조준을 주살하고자 했다. 정도전은 영주 봉화에서 체포되어 감옥에 갇혔고 목숨이 위태로웠다. 이때 이방원이 선수를 친다. 이방원의 수하 조영무가 정몽주를 살해했던 것이다.

　겨우 목숨을 건진 정도전은 더 이상 왕조 교체를 늦출 수 없음을 인식했다. 정도전과 조준 등 52명의 관료들이 이성계를 왕으로 추대했다. 이성계는 두세 차례 거절하는 형식을 취한 후 새로운 왕조인 조선의 제1대 왕으로 등극했다.

이성계와 정도전이 꿈꾼 나라

이성계는 즉위 11일 만인 7월 28일에 즉위교서를 반포했다. 즉위교서의 작성자는 정도전이었다. 정도전은 성리학에 기초한 '민본'을 개국의 기본 정신으로 삼았다.

민본은 '백성이 국가의 근본'이라는 사상으로, 오늘날의 '민주'와는 다르다. 민본 사상에서 백성은 주권자가 아니라 피치자다. 그러나 군주는 피치자라 하여 백성을 함부로 억누르고 수탈해서는 안 된다. 백성을 가르치고 교화해야 할 뿐만 아니라 백성을 위한 정치를 해야 한다. 훈민訓民과 위민이 민본 정치다.

정도전은 군주의 권한을 제한하고 백성의 생업을 보호해야 한다고 생각했다. 정도전은 1394년 『조선경국전朝鮮經國典』을 지어 이성계에게 바쳤다. 『조선경국전』은 이성계와 정도전이 공유한 조선의 설계도였다. 이성계는 『조선경국전』을 자손만대의 귀감으로 삼으라고 명했다.

정도전은 군주가 재상을 임명하고 재상과 협의하여 정사를 결정하는 것으로 군주의 권한이 제한되어야 한다고 보았다. 일종의 '입헌군주제'다. 그리고 정도전은 백성의 생업을 보호하는 방안으로 계민수전의 원칙을 제시했다. 모든 토지를 국가에 귀속시킨 다음 백성에게 균등하게 배분하자는 것이다. 오늘날의 개념으로는 '토지 공개념'에 가깝다.

조선 개국 7년 만에 정도전은 피살되고 이성계는 은퇴했다. 이성계와 정도전의 시도도 끝이 났다. 그렇다고 그들이 꿈꾼 이상마저 사라진 것은 아니었다. 그들이 그린 설계도는 변경되었지만 그들이 가졌던 민본 사상, 훈민과 위민의 정신은 조선시대를 관통하는 근본이념이 되었다.

이성계와 정도전, 그들은 어떤 국가를 꿈꾸었는가

사람들은 프랑스를 흠모하여 파리의 센 강을 대단한 낭만의 강으로 안다. 하지만 내가 가보니 영산강이나 금강 줄기만 한 것이 볼품 없었다. 2000년의 역사를 고스란히 품고 있는 로마는 위대한 역사의 도시임에 분명했으나 로마를 흐르는 테베레 강은 강이 아니었다. 도랑이었다. 북한강과 남한강이 만나는 양수리, 그것도 비가 촉촉하게 내리는 어느 날 물새가 나직하게 나는 한강의 풍광은 얼마나 그윽한가. 나는 지금껏 만주의 지린을 흐르는 송화강을 제외하고 한강만큼 넉넉하고 유장하게 흐르는 아름다운 강물을 보지 못했다.

지금으로부터 120년 전 조선을 방문한 비숍 여사를 만나보자. 그녀는 말한다. "인구 25만 명의 대도시들 중 서울만큼 아름다운 곳은 없다Few capitals are more beautifully situated than Seoul." 비숍은 서울의 미를 발견하기까지 1년의 세월이 걸렸다고 고백했다. 그녀가 그린 서울의 수채화를 감상해보자.

다가서기 어려운 정상이 분홍 반투명의 자수정처럼 빛나며 그림자는 짙은 청색을 띠고, 하늘이 푸른 금빛일 때 저녁은 진홍색 장관을 보여준다. 아름답고 우아한 푸르름이 산을 덮는 봄이 되면 연보랏빛 진달래로 붉어지고 불꽃 같은 자두와 홍조의 벚꽃과 복숭아꽃이 소스라치게 의

외의 곳에서 나타난다.[15]

그녀는 보았다. 검은 독수리와 송골매, 꿩과 백로, 거위와 밤점오리, 청둥오리와 원앙새, 수줍음 많은 대머리수리와 희고 붉은 따오기. 아, 이 많은 새들은 어디로 갔는가? 그녀는 보았다. 새매와 황조롱이, 두루미와 해오라기, 왜가리와 마도요, 쏙독새와 붉은 알도요새, 멧새와 까치, 꾀꼬리와 종달새. 아, 이 많은 새들은 어디로 갔단 말인가? 창공을 나는 새는 인간에게 자유와 상상을 말해주는 영혼의 벗이다. 그녀는 보았다. 개똥지빠귀와 딱새, 까마귀와 비둘기, 땅비둘기와 띠까마귀, 휘파람새와 할미새, 뻐꾸기와 호반새. 아, 이 많은 새들은 어디로 사라졌단 말인가? 왜 사라졌는가? 새를 잃고 벗을 잃어버린 21세기의 한국인, 그들은 어디로 가고 있는가? 그녀는 보았다. 밝은 푸른색의 물총새, 어치와 도요새, 동고비와 회색때까치, 꿩과 매, 그리고 솔개들을⋯⋯.[16]
비숍 여사는 보고한다. 수려했던 한강 주변의 풍치를.

새들은 수풀 속에서 지저귀고 있었고, 향기로운 냄새가 물위로 퍼져나갔다. 드물게 소들이 무릎을 덮을 정도의 풀들을 뜯기도 했다. 상당히 하류인데도 물은 수정처럼 맑았다. 티베트의 하늘처럼 푸른 창공에서 퍼져 나온 햇빛이 부서지는 물결에 반사되고 있었다. 생활하는 데 약간의 부족함은 있었지만 전체적으로 매우 매혹적이었다. 나비와 잠자리가 수없이 많았고, 맑은 녹갈색의 뱀도 많았다.[17]

나는 경복궁과 창덕궁이 자랑스럽다. 크기는 자금성이나 베르사유 궁전의 10분의 1도 되지 않지만 궁의 건립자가 현판에 새겨 넣은 정신이 자랑스럽다. 경복궁에 가면 근정전勤政殿이 우리를 기다리고, 창덕궁에 가면 인정전仁政殿이 우리를 기다린다. 인정이란 어진 정치를 말함이요, 근정이란 어진 정치를 위해 밤잠을 잊고 부지런히 일하는 정치를 말한다. 과연 오늘의 정치인들이 정치의 뜻을 알고 있는가? 선조들은 바르게 하는 것이 정치라고 알았다政也正. 선조들의 마음을 계승하는 보수 정치인이 여의도에 단 한 명이라도 있을까?

철인왕이 다스리는 나라가 플라톤의 이상 국가였다면 백성에게 어진 정치를 펴는 성군의 나라가 정도전과 이성계가 만들고자 했던 이상 국가였다. 플라톤의 이상 국가에서 실현하고자 하는 가치는 무엇이었던가? 좋음Goodness: 善과 아름다움Beauty: 美과 올바름Justice: 正義이었다. 그렇다면 정도전과 이성계가 실현하고자 하는 가치는 무엇이었던가? 어짊과 바름과 착함과 슬기로움이었다. 인의예지仁義禮智는 동아시아 선비들의 이데아였다. 동서고금 어느 나라, 어느 민족의 역사를 뒤적여도 철학적 이념을 수도의 문에 새겨놓은 민족은 없었다.

이성계와 정도전, 어떻게 평가할 것인가

공양왕 3년 9월 관청과 개인이 가지고 있던 기존의 공사 전적, 즉 모든 토지 문서를 개경 한복판에 쌓아놓고 불을 질렀다. 그 불이 여러 날 동안 탔다.[18]

신채호의 어법을 빌리자면 이 토지 문서에 대한 방화야말로 조선 역사에서 가장 중대한 사건이었다. "토지를 농민에게!"라는 구호만큼 절실한 정치 슬로건도 없다. 이 슬로건을 위해 프랑스혁명과 러시아혁명이 일어났다. 그런데 혁명은 쉬운 일이 아니다. 목숨을 걸어야 하는 일이다. 피를 흘리지 않고선 토지개혁을 이룰 수 없다.

얼마나 많은 종들이 죽어갔던가? 1170년 무신의 난이 일어났다. 무신들은 마구 농장을 확대했다. 농민들의 토지를 빼앗았고 농민들을 소작농이나 노비로 전락시켰다. 수탈을 견디다 못한 농민이 선택한 것은 봉기였다. 1174년 서경 유수 조위총이 반란을 일으켰을 당시 반란의 주역은 농민이었다. 1176년 공주 명학소에서 망이와 망소이가 일어섰다. 1193년 운문의 초전에서 김사미와 효심이 일어섰다.

하지만 권문세족의 농장은 점점 확대되었다. 권문세족의 농장은 '산과 강'을 경계로 삼았다고 한다. 자영농의 몰락은 백성의 몰락을 의미할 뿐만 아니라 국가의 몰락을 의미했다. 권문세족들은 수천 결의 땅을 소유하고도 세금 한 푼 내지 않았다. 땅 1결의 크기는 3000평이니 축구장 크기다. 땅 100결의 크기는 30만 평이니 경복궁의 두 배가 넘는 크기다. 땅 1000결의 크기는 300만 평이니 여의도 크기다. 『고려사』 「이색열전」은 말한다.

1년 내내 밭을 갈아놓으면 소작료를 걷는 자들이 미리 와 있다. 밭 주인이 한 사람이면 다행이다. 적은 곳은 서너 명이요, 많은 곳은 일고여덟 명이다. 밭의 소출로는 소작료도 바칠 형편이 못 되는데, 무엇으로 부모를 봉양하고 처자를 먹여 살릴 것인가. 백성의 곤궁함이 이 지경이다.[19]

만일 정도전이 철인정치가였다면 그와 고락을 같이하면서 그의 제안을 수용한 이성계는 철인왕이다. 그런데 우리는 이런 평가에 대해 낯설다. 세종대왕을 철인왕이라고 한다면 쉽게 동의하겠지만 이성계가 무슨 철인왕이람? 일개 무장이지. 이성계를 바라보는 우리의 시선은 차갑다. 만일 정도전이 공자와 맹자의 이상을 실현하고자 했던 성리학적 세계관의 혁명적 이론가였다면 그와 고락을 같이하면서 부패한 고려 왕실과 투쟁한 이성계 역시 혁명적 실천가다. 그런데 우리는 이런 평가에 낯설다. 정도전은 귀족들의 토지 문서를 불살랐다. 이보다 더 급진적인 개혁이 있던가? 하지만 우리는 정도전의 토지개혁이 갖는 혁명적 의의를 애써 피해가고, 새 왕조의 개창에 대해 냉소적이다. 그 왕조가 그 왕조지.

조선 500년 역사에서 정도전만 한 혁명적 실천가를 찾기 힘들다. 서얼 차별의 철폐를 주창하고 『홍길동전』을 집필하여 평등 세상의 꿈을 퍼뜨린 허균. 하지만 그의 거사는 정도전에 비하면 치밀하지 못하다. 조선의 세습 노비제는 중국에서도 찾아볼 수 없는 악랄한 것이라며 노비제의 비인간성을 폭로한 이익 역시 정도전에 비하면 주장은 혁신적이었으나 실천이 약하다. 마지막으로 우리는 전봉준의 혁명 투쟁을 정도전에 비할 수 있을 것이다. 40만 동학농민의 단결된 힘으로 세상을 바꾸었던 전봉준의 민중적 투쟁은 정도전의 한계를 넘어선 것이었다. 1894년 마침내 노비제가 폐지되었다. 하지만 전봉준은 새로운 세상을 열지 못했다. 조선 500년 역사에서 정도전처럼 혁명적 이념으로 무장하고 그 이념을 실천하면서 새 세계를 열어간 진취적 실천가가 또 있었던가? 정도전을 다시 보자. 그리고 이성계를 다시 보자.

'단심가'와 '하여가'

초등학교 선생님으로부터 처음 배운 한국사는 평생 나를 떠나지 않는다. 어른이 되어 어른의 눈으로 다시 보지만 새로이 생각하기가 참 힘들다. 선생님이 나에게 처음 전해준 한국사의 사실史實에는 결코 떼어낼 수 없는 끈끈이 같은 것이 달라붙어 있어 지금도 나의 무의식을 붙들고 있다.

선죽교의 피는 어린이들에게 정몽주를 의인으로 미화했고 이방원을 괴한으로 내몰았다. 1392년 7월 고려 정국은 고려왕조를 지키려는 정몽주 일파와 고려왕조를 폐하려는 정도전 일파 간에 숨막히는 음모와 투쟁이 진행되는 시기였다.

정몽주는 이성계의 위엄과 덕망이 날로 오르는 것을 꺼려했다. 이성계가 말에서 떨어졌다. 정몽주는 이때 이성계를 제거하고자 했다. 먼저 이성계 측근인 정도전을 탄핵했다. 정몽주의 선동으로 공양왕은 정도전을 먼 곳으로 귀양을 보냈다. 이어 김귀련을 시켜 정도전을 죽이고자 했다.[20]

정몽주는 정도전을 유배 보낸 뒤에 그를 제거할 음모를 진행했다. 정도전 제거는 이성계의 오른팔을 자르는 일이었다. 정몽주가 공양

왕에게 올리는 상소를 막을 수 있는 유일한 이는 이성계였다. 그런데 이성계는 명나라에 다녀오는 아들 방석을 맞기 위해 출타 중이었다. 엎친 데 덮친다고 이성계가 말에서 떨어지는 사고까지 발생했다. 원숭이가 나무에서 떨어지는 일이 벌어진 것이다.

급박한 상황을 장악하고 있는 이는 이방원이었다. 누가 먼저 칼을 뺄 것인가? 먼저 치면 상대를 제압하고 나중에 치면 상대에게 제압당한다. 이때 정몽주가 병석에 누운 이성계에게 병문안을 온다. 사태를 엿보기 위한 발걸음이었다. 이방원은 아버지에게 어서 정몽주를 제거해야 한다고 말하지만 이성계는 태연하다. '살고 죽는 것은 하늘에 달려 있다.'

이 상황에서 정몽주가 이방원을 만나 '단심가丹心歌'를 읊었다고? 나는 이 대목은 다시 살펴보아야 한다고 생각한다. 정몽주가 '단심가'를 부르고 이방원이 '하여가何如歌'를 불렀다는 것은 있을 수 없는 일이다.

첫째, 둘이 만나 시를 읊을 만큼 한가한 상황이 아니었다. 정몽주와 이방원의 적대적 관계는 정도전의 처형 상소에 의해 이미 백일하에 드러났다. 누가 먼저 칼을 빼느냐, 그 시점이 문제였다. 이런 상황에서 한가하게 상대의 의중을 떠보기 위해 시를 주고받았다는 것은 정황과 맞지 않다.[21]

둘째, 정몽주와 이방원은 서로 수담을 나눌 만한 대등한 사이가 아니었다. 1337년생 정몽주와 1367년생 이방원은 아버지와 아들 뻘이다. 둘이 시를 주고받을 사이가 아니었다는 말이다. 게다가 정몽주는 문하시중으로 고려 조정의 최고 재상이었고 이방원은 관직에 나간 지 10년을 넘기지 않은 젊은 관리였다. 나이로 보나 정치적 지위로 보나 정몽주는 이방원과 대좌할 처지가 아니었다.

셋째, 시의 내용을 보자. '단심가'란 한마디로 줄여 고려 왕실을 위해 목숨을 바치겠다는 충절의 시다. "이 몸이 죽고 죽어 일백 번 고쳐 죽어"도 고려왕조를 위해 충절을 바치겠다는 시의 정조는 죽음 앞에 선 사람, 죽음을 맞이하는 사람, 죽음을 의식하는 사람에게서만 나올 수 있다. 이 노래는 전봉준이나 성삼문처럼 망나니의 칼을 받는 상황에 처한 사람이 부를 수 있는 노래이지, 한창 권력의 칼을 휘두르는 최고 권력자가 부를 노래는 아니었다. 정몽주는 474년의 고려왕조가 무너질 것이라 상상하지 못했다. 더구나 그날 밤 자신이 격살당하리라고는 꿈도 꾸지 못했다. '단심가'는 정몽주의 창작이 아니라 정몽주의 죽음을 애도하는 후대의 창작이다.

넷째, 문제는 '하여가'에 있다. 『논어』와 『맹자』를 한 번이라도 읽어본 사람이라면 두 책에서 강조하는 일관된 덕목이 지조와 기개임에 동의할 것이다. '날씨가 추워진 연후에야 소나무와 잣나무가 늦게 시듦을 안다'는 구절이나 '삼군의 깃발은 탈취할 수 있어도 필부의 의기는 빼앗을 수 없다'는 구절이 공통적으로 강조하는 것은 선비의 지조다. "이런들 어떠하리 저런들 어떠하리 만수산 드렁칡이 얽혀진들 어떠하리"처럼 기회주의적이고 타협적인 언사는 공맹을 따르는 선비의 입에서 나올 수가 없다. 이런 시정잡배의 언사를 과거 문과의 합격자인 이방원이 읊었다는 것은 상상할 수 없는 조작이다. 그런 시정잡배의 언사 앞에서 침을 뱉지 않고 태연히 '단심가'를 부르는 정몽주도 상상할 수가 없다.

다섯째, 이방원은 한창 피 끓는 26세의 청년이다. 청년은 진취적이고 진보적이다. 더욱이 이방원은 치국평천하治國平天下의 야망을 품은 청년이다. 이방원의 가슴에 꿈틀거리는 경세제민經世濟民의 야심은 결코 위장할 수 없는 것이다. 젊은 신진 관리가 성리학의 대가 정몽주 앞에서 '백성을 떠받드는 왕도를 펼쳐나가자'고 말하는 대신 '만수산 칡덩굴처럼 어울려 살자'며 속물적 삶을 설했다는 것은 공맹의 ABC를 눈곱만큼이라도 아는 사람이라면 결코 동의할 수 없는 구도다.

'하여가'와 '단심가'는 고려왕조를 폐하고 조선왕조를 연 1392년 8월 이후 작성되었다. 누가 작성했겠는가? 작성자를 수소문하는 것은 어렵지 않다. 작성자는 정몽주의 죽음을 애도하는 사람이다. 동시에 이방원에게 적개심을 품은 사람이다. 넓게 말하면 몰락한 고려 왕실을 향해 충심을 갖는 자이고, 새롭게 개창한 조선왕조를 폄훼하는 자다. 누구이겠는가? 고려가 망하자 두문동에 들어가 조선왕조의 녹을 거부하며 두문불출한 고려 귀족의 자제들이 아니겠는가?

2부

대왕 세종

――――――― 훈민정음이 없는 세상에서 처녀 총각이 어떻게 연애편지를 주고받았을까? '나는 너를 사랑해'를 어떻게 옮길까? 이두로 써볼까? '나는我隱 너를汝乙 사랑해思為'라고 쓴다면 의미의 전달은 가능하겠지만 사랑의 정조를 전달하는 데는 실패한다. 생각해보자. 훈민정음이 없던 시절 『천자문』을 처음 배우는 학동들이 '천지현황天地玄黃'의 뜻과 음을 어떻게 배울까? 서당 훈장의 강의가 아니라면 天이 '하늘 천'이고, 地가 '땅 지'인 것을 무슨 수로 배우느냐는 말이다. 그러니까 애당초 한자엔 발음 기호가 없어서 한자의 음은 가르치는 사람마다 다를 수밖에 없다. 발음의 대혼란, 그것이 세종대왕이 훈민정음을 창제한 또 하나의 이유였다.

1448년 『동국정운』이 편찬된다. 『용비어천가』의 대표 집필자가 정인지였다면 『동국정운』의 대표 집필자는 신숙주다. 그는 서문에서 밝혔다. "소리를 살펴어 음을 알고, 음을 살펴어 음악을 얻고, 음악을 살펴어 정사를 알게 된다." 소리를 바로잡는 것은 바른 정치의 토대란다. 이렇게 한자의 운을 바로잡는 책, 『동국정운』이 탄생한다.

❶

택현론

당 태종 이세민과 조선 태종 이방원

신문고를 설치한 왕은? 호패법을 실시한 왕은? 청계천을 판 왕은? 모두 태종 이방원이다. 경복궁을 만든 왕은 태조 이성계이고 창덕궁을 만든 왕은 태종 이방원이다. 조선왕조를 개창한 이는 정도전과 이성계이지만 조선왕조의 기틀을 다진 이는 태종 이방원이었다. 그런데 우리의 의식에는 무슨 까닭인지 이방원을 폄하하는 힘이 강하게 작용한다. 무자비한 왕, 잔혹한 왕이라는 먹칠이 태종의 얼굴에서 지워지지 않는다. 모를 일이다. 태종만큼 사익을 버리고 공익을 추구하며 멸사봉공한 왕도 없지 않았을까? 태종만큼 백성의 삶을 열심히 돌본 왕도 없었는데, 왕들의 인기투표에선 늘 바닥이다.

형제를 죽인 것은 분명 강상의 윤리를 어긴 비도덕적 행위임에 분명하다. 하지만 제1차 왕자의 난, 그 기나긴 인과의 연쇄고리를 따라가면 그날의 난은 권력투쟁의 필연적 산물이었다. 이미 정도전은 이방원의 목을 쥐고 있었다. 언제 죽일 것인지 때만 기다리고 있었다. 정도전이 요동 정벌을 앞세워서 왕자들의 사병을 혁파한 상황이었지 않은가. 따르는 갑사들의 칼과 창이 정도전에 의해 이미 몰수된 시점에 기다리고 있는 것은 이방원의 처형뿐이었다. 누가 먼저 칼을 뽑았느냐는 권력투쟁에서 무의미한 물음이다.

사람들은 이방원이 묻힌 피를 가리키며 포악무도한 군주라고 그 부도덕성을 질타한다. 나는 묻고 싶다. 그러면 당 태종은 도덕 군주였는가? 당 태종도 이방원과 똑같지 않았던가? 당 태종은 아버지 고조를 찾아가 형 건성建成과 동생 원길元吉이 자신을 제거하려는 음모를 꾸미고 있다고 무고했다. 그리고 다음 날 새벽 현무문玄武門에서 형제들을 무참히 살해했다. 그 유명한 '현무문의 난'이었다. 그리고 29세의 나이에 즉위했다. 역사를 통틀어 '칼을 뽑아 형제를 죽인' 사건이 어디 한두 건이던가? 이는 적장자 한 사람이 평생 황제가 되는 봉건 왕조의 피할 수 없는 산물이 아닐까? 무엇이 다른가? 왜 29세의 중국 젊은이가 휘두른 칼에 대해선 도덕의 잣대를 아끼고 32세의 조선 젊은이가 휘두른 칼에 대해선 유독 도덕의 잣대를 들이미는가?

역사는 도덕 교과서가 아니다. 정치 지도자의 공훈과 과오는 그 시대의 상황과 연관하여 평가해야 하며, 백성들의 삶을 얼마나 잘 보살폈는가에 의해 평가해야 한다. 그러면 우선 당 태종에 대해 살펴보자.

이세민李世民의 아버지 당 고조 이연李淵은 명석했다. 현무문의 변 이후 곧바로 이세민에게 황위를 넘겨주고 자신은 정치 무대에서 물러났다.

이 결단은 과감했고 적극적이었다. 젊은 시절 타고난 무장으로서 재능을 보였던 당 태종은 황제가 되고 나서 항상 책을 가까이했다.

626년 6월 황제에 책봉된 이세민은 백관에게 밀봉 상서를 올리라고 명령했다. 문무 관료들의 치국에 관한 의견을 구언한 것이다. 당 태종은 황제가 되고 나서 '천하는 한 사람의 것이 아니라 만인의 것이다'라는 말을 자주했다. 천하의 주인은 백성이라는 것이다.

당 태종이 위대한 황제로 손꼽히는 까닭은 뭐니 뭐니 해도 백성의 삶을 잘 돌보았기 때문일 것이다. 경세제민, 세상을 다스리고 백성을 구제하는 것이 경제라고 한다면, 경제야말로 선정의 으뜸이다. 백성이 굶주리고 추위에 떠는 것을 보고도 슬퍼하지 않고 백성이 고통스러워하는 것을 보고도 느끼지 못한다면 이는 백성을 괴롭히는 군주이지, 백성을 다스리는 군주가 아니라고 당 태종은 자주 말했다. 당 태종은 백성의 안정된 삶을 치국의 핵심으로 보았다. 그리하여 사치를 그만두고 비용을 줄였다. 요역과 부세를 경감했고, 청렴한 관리를 선발했으며, 백성의 살림을 풍족하게 하는 데 혼신의 힘을 기울였다.

당 태종은 균전제均田制를 단행했다. 균전제는 북위와 수로부터 계승한 제도지만 당 태종에 의해 온전하게 실시되었다. 계구수전計口受田의 원리에 따라 18세 이상의 장정에게 토지를 고르게 나누어주는 토지제도를 실행함으로써 권문세족의 토지 독점을 제한하고, 자영농의 나라를 만들었다. 지주의 토지 사유를 인정하면 '천하의 토지를 고르게 한다'는 것은 근본적으로 불가능하다. 균전법 실시를 비롯하여 황무지 개간, 요역과 부세의 경감, 농잠의 장려, 의창義倉 설립, 수리 시설 확대 등

가능한 모든 농업 장려책을 구사했다. 자영농의 수가 늘어났고 농민은 자신의 노동으로 경제 발전을 촉진했다. 당 태종은 보았다. 수나라 말기 전국 각지에서 일어나는 농민 봉기를. 성난 민중의 힘이 봉건 왕조라는 배를 쉽게 뒤집는 광경을 보았고 백성이 나라의 주인임을 몸으로 체득했다.

"사람이 덕행과 능력을 모두 갖출 수는 없다. 짐은 항상 그 단점을 버리고 그 장점을 취한다"는 것이 당 태종의 인사 철학이었다. 그는 한번 공을 세운 공신을 파면한 적이 없었다. 당 태종은 마음을 터놓고 의심하지 않았다. 태종의 주변에는 탁월한 재주와 능력을 갖춘 인재들, 황제의 눈치를 보지 않고 충언하는 인물들이 두루 포진했다. 방현령房玄齡은 정사에 통달했고 두여회杜如晦는 인재를 발탁했다. 방현령과 두여회는 재상이 되어 함께 조정의 정사를 주관하고 '정관貞觀의 치治'를 실현했다.

하지만 당 태종은 말년에 두 가지 실착을 범한다. 하나는 후계자 선정이고, 하나는 고구려 침공이다. 당 태종은 평소 아끼던 넷째 아들 이태李泰에게 태자 자리를 주려고 했으나 원로들의 술수에 넘어가 재능이 떨어졌던 이치李治에게 제위를 물려준다. 당 태종은 연개소문의 쿠데타를 문책한다는 명분으로 직접 군사를 이끌고 고구려 원정에 나섰다. 고구려 원정에 실패한 그는 급격히 건강을 잃었다. 52세의 나이로 숨을 거두기 전 그는 고구려를 침공하지 말라는 유언을 남겼다.

한편 조선의 태종 이방원은 젊은 시절 아버지를 따라다니면서 왜구를 격퇴한 타고난 무장이었다. 하지만 문무를 겸비한 왕이었다. 이방원은 17세에 그 어려운 문과에 급제한 선비였다. 과거 문과에 급제한 왕은 이방원이 유일했다. 왕이 된 이후에도 공부를 게을리하지 않았다. 경연經筵에 나아가 신하들과 함께 『대학연의大學衍義』를 공부했다. 『대학연의』는 1222년 진덕수眞德秀가 주자의 『자치통감강목資治通鑑綱目』과 『대학大學』을 섞어 만든 제왕학의 교과서다.

실록은 태종의 솔직한 고백을 들려준다.

"『논어』와 『맹자』는 내가 일찍이 대강 읽었으나, 『중용中庸』은 읽지 아니했다."[1]

오해하지 말자. 이 말은 겸양의 말이다. 집권 초부터 이방원은 권근과 같은 석학으로부터 각종 경사를 익혔기 때문에 태종의 학식은 웬만한 문신이나 학자의 수준을 능가했다.

실록에는 흥미로운 기사가 하나 있다. 한번은 신하들이 태종의 사냥을 말리는 상소를 올렸나 보다.[2] 여기에서 태종은 자신의 성장 과정을 솔직히 털어놓는다.

"나는 구중궁궐에서 태어나 자란 사람이 아니다. 시서詩書를 익혀서 유자儒者의 이름은 얻었으나 실상은 무가武家의 자손이다. 어려서부터 말을 달리고 사냥하는 것을 일삼았다. 왕위에 올라 할 일이 없어 책을 보니, 참으로 재미가 있어서 하루도 책을 놓지 못했다. 이것은 근신들이 다 아는 바다. 그런데 나라고 어찌 놀고 싶어 하지 않겠는가?

요새 교외에 기러기 떼가 많이 온다고 한다. 심심한 것을 달래기 위해 가끔 사냥을 하고 싶은데, 이것도 할 수 없다는 것이냐?"[3]

이 점이 특이하다. 태종은 세종과 달리 구중궁궐에서 자라난 사람이 아니라는 것이다. 본디 무인의 가계에서 태어나 말 달리고 사냥하는 것을 일삼으며 자랐으니, 세 살 버릇 여든 간다고 사냥을 나가지 않으면 몸이 쑤신다는 거다. 사냥이 유일한 취미인데, 이것도 못해? 태종의 발언 가운데 절반은 하소연이고 절반은 애걸이다. 좀 봐주면 안 될까? 그런데 그 다음 기사가 재미있다.

친히 『대학연의』를 잡고 신하 이관에게 읽어보라 했다. 이관이 읽질 못했다. "읽기 쉽지 않은 책이다"고 임금은 말했다. 친히 '사냥은 몸을 기르는 것'이라는 구절을 뽑아 읽었다. "예전 사람도 사냥을 금하지 않았다. 다만 지나치지 말라는 것일 뿐이다. 내가 지나치게 즐긴 바가 있는가? 있거든 말하여보라."[4]

딱 걸렸다. 문과 시험을 통과했다는 신하 이관이 『대학연의』 앞에서 더듬거린다. 태종 이방원이 지적한다. 읽어보라. '유관遊觀은 기체氣體를 기르는 것', 이게 무슨 뜻이냐? 놀면서 구경하는 것은 몸의 기를 기른다고 했지 않나? 신하 이관은 유구무언이다. 『대학연의』를 암기한 왕이었다. 글귀를 달달 암기했을 뿐만 아니라 현실에 적용하여 자신의 머리로 재해석했다. 젊은 신하는 무릎을 꿇을 수밖에 없었다.

태종은 일가친척에겐 무서운 호랑이였으나 힘없는 백성과 노비에겐 자상한 군주였다. 유학적 세계관으로 무장한 왕에게 애민과 위민은 당연한 왕도의 길이다. 이조판서 박신이 인정전을 증축하자고 청했으나 태종은 윤허하지 않았다.[5] '삼복 중에 백성을 부릴 수 없다.' 결코 빈말이 아니었을 것이다.

이방원이 1401년 신문고[6]를 설치한 까닭이 무엇이었는가? 백성이 억울한 일을 자유롭게 청원하고 상소하도록 하기 위함이었다. 조선의 태종은 신료들로부터 '말을 구求言'하여 총명을 잃지 않기 위해 노력했다. 태종이 백성의 아픔을 자신의 아픔으로 여긴 왕이었다고 하면 좀 의아해할 사람이 많을 것이다. 기사를 하나 더 보자. 왜인에게 잡혀 유구국(오키나와)에 팔려간 백성의 호송에 관한 기사다.[7]

> 호조판서 황희가 아뢰기를, "유구국은 뱃길이 험하고 멀며, 또 사람을 보내면 번거롭고 비용도 대단히 많이 드니, 파견하지 않는 것이 낫겠습니다" 하니, 임금이 말했다. "고향 땅을 그리워하는 정은 귀천이 다름이 없다. 만일 너희 집에서 잡혀간 자가 있다면 어찌 비용 드는 것을 따지겠는가?"

황희에겐 비용이 보였고 태종에겐 사람이 보였다. 포로로 팔려간 동포가 있었다. 어서 데려와야지. 얼마나 고향을 그리워하겠는가?

이성계와 정도전이 주도한 과전법은 정전제와 균전제의 정신에 따라 설정된 토지제도였다. 모든 토지를 국유화하여 모든 농민에게 토지를 주되, 소출의 10분의 1을 조로 거두어들이는 것이다. 토지를 분급받은 관리는 수조권을 행사할 따름이다. 태종은 정력적으로 양전 사업을 벌였다. 고려 말 양전 사업의 결과 50만 결의 토지를 확보한 것에 비해 태종은 120만 결[8]의 토지를 확보했다. 조는 1413년에 356만 석, 1417년에 415만 석을 비축하게 되었다. 세종대에 대마도를 정벌하고 4군 6진을 개척할 물질적 토대가 마련된 것이다.

태종은 집권기 내내 억울하게 노비로 전락한 사람들을 한 명이라도 더 양민으로 되돌리기 위해 국가 차원에서 신속하게 재판을 진행했다. 노비변정도감奴婢辨正都監을 설치한 것이다. 노비변정도감을 설치했다는 것은 국가가 나서서 약자를 보호하겠다는 뜻이다. 개국 이래 여러 차례 노비변정도감이 설치되었으나 그중 1414년(태종 14년)에 설치된 노비변정도감이 가장 성공적이었다고 한다. 이 한 해에만 1만여 명의 억울한 노비가 양민이 되었다. 세종도 세 차례나 노비변정을 시도하려 했으나 대신들의 반대로 뜻을 이루지 못한 것을 보면 태종의 애민 사상이 남다르다는 것을 알 수 있다.

1414년 태종이 단행한 종부법從父法[9]은 대단히 혁신적인 조치였다. 여종이 양인 남자에게 시집가서 자식을 낳을 경우 양인의 신분을 허여하는 결정[10]은 노비의 수를 줄이는 획기적인 조치였다.

이방원의 최고 업적은 충녕대군에게 보위를 넘겨준 일이다. 태종은 세종에게 왕위를 넘겨주고도 병권만큼은 수중에 장악했다. 당 태종의 통치는 '정관의 치'라 하여 하은주 삼대 다음가는 태평성대로 일컬어지고 있다. 반면, 조선 태종의 통치는 무자비와 잔혹의 이미지에서 한 발도 벗어나지 못하고 있다. 쓸 만한 평전 한 권 없다.

양녕, 새장을 나가다

왕이 될 운명이었으나 왕위에 오르지 못한 세자가 셋 있었다. 태종의 적장자 양녕과 인조의 적장자 소현과 영조의 적장자 사도가 그들이다. 뒤주에 갇혀 죽은 비운의 세자 사도는 부인 혜경궁 홍씨로부터도 따돌림을 당했던 것 같다. 노론 가문의 딸이었던 홍씨는 남편 사도의 친소론 정치 성향이 마음에 들지 않았나 보다. 사도의 비극에는 당쟁의 검은 그림자가 작동하고 있었다. 두 살의 나이로 세자가 되어 28세의 나이에 운명했으니 26년의 긴 세월 동안 왕이 되기 위한 고된 수업의 시기를 보냈으나 그를 기다린 것은 뒤주였던 것이다.

비운의 사도세자야 워낙 잘 알려져 있지만 마찬가지로 비운의 삶을 살다 간 소현세자에 대해선 잘 알려져 있지 않다. 정황으로 보아 아버지 인조가 아들을 독살한 것이 분명하다. 소현은 14세의 나이에 세자가 되었다. 세자가 누구인가? 왕의 큰아들이다. 왕의 아들이면서 미래에 왕이 될 사람이다. 지금 왕은 아니지만 불원간 왕좌에 오를 새끼 왕이다. 따라서 조정의 문무백관들은 이 새끼 왕에게 온갖 아첨을 했을 것이다. 또 새끼 왕을 왕답게 조련하는 자를 왕사王師라 한다. 왕사는 삼정승과 다른 독특한 예우를 받는다. 송시열과 윤선도가 효종(봉림대군)의 왕사였다. 그런데 소현세자가 가는 길은 유달리 꽉꽉했다. 왕세자로 책봉되고 2년 후인 1627년 정묘호란이 터진다. 이후 소현세자가 스물다섯 살이 되던 1636년 그 유명한 병자호란이 터진다. 소현세자는 포로로 청나라 심양에 압송되어 1645년에야 귀국할 수 있었다. 만 9년의 세월을 만리 타향 이국땅에 억류되었던 것이다. 그런데 짧지 않은 세월을 시련으로 보낸 이 적장자에게 역사는 아무런 보상을 해주지 않았다. 돌아오니 기다리고 있는 것은 아버지의 미움과 독약이었다. 심양과 북경에서 몸소 보고 익힌 서구 문물과 그로 인한 진보적 사유가 인조의 전통적이고 보수적인 사유와 충돌했을 것이다.

사도세자와 소현세자의 비극 뒤에는 정치적 대립이 짙게 드리워져 있었지만 양녕의 비극은 다르다. 실록에 의하면 양녕은 일찌감치 태종의 내심을 간파하고 세자의 위를 동생 충녕에게 넘겨주고 싶다는 의사를 명확히 표현했던 것 같다.[11] 양녕을 세자의 위에서 폐하고 충녕에게 세자의 위를 넘겨준다는 사실을 통보하는 교서에서 태종은 말한다. "'네가 옛날에 나에게 자리를 사양하고 싶습니다'라고 하지 않았더냐?" 부자지간에 미묘한 신경전이 오고 간다.

> 임금이 말했다. "양녕이 슬퍼하지 않던가?"
> 문귀가 답했다. "양녕은 조금도 슬퍼하지 않았습니다."
> 임금이 물었다. "정녕 슬퍼하지 않았는가?"
> 문귀가 답했다. "말씀드린 바와 같습니다."
> 임금이 말했다. "그래서 폐위한 것이다."[12]

태종은 양녕이 눈물 콧물 흘리며 세자의 위를 빼앗는 아버지를 향해 앙탈이라도 부릴 줄 알았던 모양이다. 태종이 '어떻더냐?'라고 물으니 문귀가 말하길, '멀쩡하던데요'. 지금 회초리를 때리는 아버지를 향해 더 때려보라고 노려보는 아들이 양녕이다. 부자지간이 왜 이렇게 되었는가?

전설에 의하면 양녕은 부왕의 침전으로 들어가다가 문 밖에서 부모의 대화를 몰래 듣게 되었다고 한다. 태종은 한탄했다. '충녕과 양녕이 바뀌어 태어났더라면⋯⋯.' 태종의 눈이 양녕에게서 떠나 있음을 양녕이 몰랐겠는가? 양녕이 태종으로부터 자유로워지는 길은 일탈뿐이었다.

사람들은 태종과 양녕 간의 갈등과 투쟁에서 권력투쟁의 비정함을 읽어내지만 나는 다르게 읽고 싶다. 양녕은 왕이 되기로 정해진 운명에 승복하지 않고 자신의 자유를 찾아간 사람, 운명을 넘어선 사람이라고. 왕이 별건가? 닭장의 닭이다. 왕위를 버린 양녕, 마침내 새장을 탈출하여 훨훨 날았다. 양녕은 팔도를 유랑하며 사대부, 풍류객, 기녀들과 사귀다가 일생을 마쳤다. 그는 천수를 누린 드문 왕자였다. 그가 남긴 시 두 편을 읽어보자. 시는 문인으로서 양녕의 품격을 충분히 전하고 있다.

영매 詠梅

글 읽노라 정원도 돌아보지 못했는데
어느덧 원림에 녹음이 우거졌네
매실이 익어가니 봄도 다 갔는데

부질없이 깊은 생각에 황혼도 모르네

1456년(세조 2년) 4월 63세이던 양녕대군은 묘향산에 올라 시를 읊었다. 유명한 명시 '제향산승축題香山僧軸'이 그것이다.

산의 노을로 아침밥을 짓고
숲 사이 돋는 달로 밤 등불을 삼네
외로운 암자 찾아와 홀로 자니
중들은 어디 가고 탑만 서 있나

살아서는 왕의 형이고 죽어서는 보살의 형이라는 양녕의 호기 이면에는 쓸쓸히 암자를 찾는 외로움이 있었나 보다.

적장자론과 택현론
|

1418년(태종 18년) 6월 3일 태종은 2품 이상의 관료 40여 명을 불러 모았다. 국가의 주요 사안을 결정하는 이 자리에서 태종은 "세자의 행동이 극히 무도하여 왕위를 계승할 수 없으므로 대소 신료들의 요청에 따라 양녕을 해임하기로 했다"고 말했다. 세자 양녕의 해임을 발표한 것이다. 그 누구도 반대하지 않았다. 이미 그 전날 의정부, 삼공신, 육조, 삼군도총제부, 각사의 벼슬아치들이 양녕의 해임을 상소한

바 있었다.

그러면 누구를 새로운 세자로 세울 것인가? 태종은 우왕좌왕하는 것처럼 보였다. 태종은 양녕의 아들을 새로운 세자로 세우겠다고 말했다. 적장자를 세자로 세우는 것이 고금의 원칙이라는 이유에서였다. 관료들 사이에 의견이 분분했다. 우의정 한상경 등은 태종의 의견에 동의했지만 영의정 유정현과 좌의정 박은 등은 "현명한 아들을 새로운 세자로 세워야 한다"고 했다. '택현론擇賢論'을 주장했던 것이다.

태종은 원경왕후에게 택현론이 옳은 것 같다고 했다. 왕비는 반대했다. "형을 해임하고 아우를 임명하는 것은 분란을 초래할 수 있다"는 이유에서였다. 또 다른 '왕자의 난'을 우려한 것이다. 태종은 왕비의 말이 옳다고 했다. 그러나 최종 결정은 택현론이었다. 그렇다면 누가 현명한 아들인가? 관료들은 "어떤 아들이 현명한지 전하만이 알 수 있습니다"라며 태종에게 일임했다.

태종은 즉각 충녕을 새로운 세자로 선택했다. 태종의 발표가 있자 유정현 등은 "신들이 말한 현명한 아들은 충녕대군을 가리킨 것입니다"라며 적극 찬동했다. 태종과 관료들의 마음은 이심전심이었던 것이다. 그들은 양녕의 해임을 결정할 때부터 충녕을 염두에 두었던 것이다. 다만 적장자론을 대체할 명분이 필요했다, 명분이. 그래서 택현론이 등장했다. 택현론에 따라 조선 최고의 임금 세종이 탄생했다.

조선의 역사를 보면 세자 선택에서 적장자 우선의 원칙을 고수하려던 노력이 많이 엿보인다. 그로 인한 문제가 많았다. 택현론을 원칙으로 하지 않은 것은 아쉬운 대목이다. 조선의 왕들을 보자.

조선의 왕

제1대 왕　　**태조(1392~1398)**: 이자춘의 둘째 아들(1335년생)

제2대 왕　　**정종(1398~1400)**: 태조의 둘째 아들(1357년생)

제3대 왕　　**태종(1400~1418)**: 태조의 다섯째 아들(1367년생)

제4대 왕　　**세종(1418~1450)**: 태종의 셋째 아들(1397년생)

제5대 왕　　**문종(1450~1452)**: 세종의 큰 아들(1414년생)

제6대 왕　　**단종(1452~1455)**: 문종의 큰 아들(1441년생)

제7대 왕　　**세조(1455~1468)**: 세종의 둘째 아들(1417년생)

제8대 왕　　**예종(1468~1469)**: 세조의 둘째 아들(1450년생)

제9대 왕　　**성종(1469~1494)**: 세조의 손자(1457년생)

제10대 왕　　**연산군(1494~1506)**: 성종의 큰 아들(1476년생)

제11대 왕　　**중종(1506~1544)**: 성종의 둘째 아들(1488년생)

제12대 왕　　**인종(1544~1545)**: 중종의 큰 아들(1515년생)

제13대 왕　　**명종(1545~1567)**: 중종의 둘째 아들(1534년생)

제14대 왕　　**선조(1567~1608)**: 중종의 손자(1552년생)

제15대 왕　　**광해군(1608~1623)**: 선조의 둘째 아들(1575년생)

제16대 왕　　**인조(1623~1649)**: 선조의 손자(1595년생)

제17대 왕　　**효종(1649~1659)**: 인조의 둘째 아들(1619년생)

제18대 왕　　**현종(1659~1674)**: 효종의 큰 아들(1641년생)

제19대 왕　　**숙종(1674~1720)**: 현종의 큰 아들(1661년생)

제20대 왕　　**경종(1720~1724)**: 숙종의 큰 아들(1688년생)

제21대 왕　　**영조(1724~1776)**: 숙종의 둘째 아들(1694년생)

제22대 왕　　**정조(1776~1800)**: 영조의 손자(1752년생)

제23대 왕　　**순조(1800~1834)**: 정조의 큰 아들(1790년생)

제24대 왕　　**헌종(1834~1849)**: 순조의 손자(1827년생)

제25대 왕　　**철종(1849~1863)**: 사도세자의 증손자(1831년생)

제26대 왕　　**고종(1863~1907)**: 영조의 현손인 대원군의 둘째 아들(1852년생)

제27대 왕　　**순종(1907~1910)**: 고종의 큰 아들(1874년생)

국가나 회사의 경영권을 2세에게 넘겨준다는 것은 참으로 무모한 선택이다. 세상에 하고 많은 사람들 중에 나라의 통치를 맡을 자격을 갖춘 자가 하필이면 2세이겠는가? 창업자는 위대했지만 부모의 재산을 거저 물려받은 자식은 흥청망청 재산을 탕진할 가능성이 많다. 그래서 나라나 회사나 검증된 인재에게 경영을 맡기는 것이 합리적이다. 이런 생각을 갖고 있었던 것이 정도전이었고 그 결과물이 정도전의 신권론臣權論이었다. 어차피 왕의 아들은 부실할 가능성이 높다. 그러면 왕은 백성들을 통합하는 국가의 상징적 존재로 남아 있고, 나라 경영은 검증된 전문가에게 맡기자는 것이다. 정도전의 신권론은 입헌군주제 하의 수상제와 아주 유사했다. 태조 이성계는 입헌군주제 하의 왕이었고 정도전은 수상이었던 셈이다.

왕위를 세습하는 것도 불합리하지만 왕위를 왕의 큰 아들에게 물려주어야 한다는 법도는 더더욱 불합리하다. 조선왕조 500년은 적장자 세습을 법도로 유지했지만 우습게도 이 법도를 무시했기 때문에 유지되었다. 1392년 태조가 조선왕조를 개창했다. 이성계는 이자춘의 둘째 아들이다. 제2대 왕 정종은 바지 사장이었다. 실권은 이방원에게 있었고 정종은 자리만 채운 왕이었다. 오죽했으면 『용비어천가』에 등장하는 해동 육룡에서 제외되었겠는가? 태종은 잘 알다시피 태조의 다섯째 아들이요, 세종도 태종의 셋째 아들이다. 태종이 택현론을 좇아 세종에게 왕위를 물려준 것만큼 잘한 일도 없다.

적장자 세습, 그것이 문제였다. 문종은 어질고 총명한 세자였으나 병약했다. 그는 2년을 넘기지 못하고 죽었다. 그때 단종의 나이 열두 살이었다. 나랏일이 아이들 소꿉장난인가? 적장자 세습의 법도를 고집하는 것은 사실상 왕권을 몇몇 신하의 손에 위탁하는 것을 의미한다. 수양대군이 조카의 왕권을 빼앗은 것은 잘한 일도 아니지만 능력 있는 동생인 수양대군과 안평대군을 그대로 두고 굳이 왕권을 아들에게 물려주었던 문종의 선택도 생각할 점이 많다. 사람들은 깡패가 왕권을 탈취한 것으로 알지만 수양대군은 세종의 둘째 아들이었다. 단종은 적장자 세습제의 희생물이었다.

적장자가 왕위에 올라 통치한 햇수 120년

15세기 문종 2년 + 단종 3년 = 5년
16세기 연산군 12년 + 인종 1년 = 13년
17세기 현종 15년 + 숙종 26년 = 41년
18세기 숙종 20년 + 경종 4년 = 24년
19세기 순조 34년 = 34년
20세기 순종 3년 = 3년

태조가 조선왕조를 개창한 1392년부터 성종이 죽은 1494년까지 장자가 왕이 되어 나라를 통치한 햇수는 딱 5년밖에 되지 않는다. 문종이 2년, 단종이 3년, 도합 5년이다. 세조의 아들 예종도 장남이 아니었다. 성종은 예종의 아들 제안대군이 있는데도 궁의 실세와 신하들의 합의로 왕위에 오른 세조의 손자였다. 성종은 보위에 오르기까지 아무런 잡음이 없었던 택현론의 총아였다.

연산군부터 선조까지 16세기의 100년간을 보자. 적장자 세습제도는 혈통의 우수성을 보존하는 기능보다 세자의 정신분열을 조장하는 역기능이 컸다. 십대의 아이가 새끼 왕이 된다. 꽉 짜인 일과에 따라 온종일 사서오경四書五經을 암송해야 하는 것이 세자의 삶이다. 과거 공부하는 유생보다 더 열심히 공부하는 것, 그것이 부왕의 기대였다. 오죽했으면 사도세자가 곤룡포만 보면 발광을 했을까? 아들을 정신병으로 몰아간 것은 부왕과 왕사들의 눈초리였다. 사도세자에게 궁은 원치 않는 삶이었다. 연산군도 마찬가지였을 것이다. 택현론의 합리가 충분히 실현된 경우가 아버지 성종이었다면 적장자 세습제의 폐해가 적나라하게 표출된 경우가 연산군이었다. 16세기 적장자 중에 왕위에 오른 이는 연산군과 인종 딱 두 명이다. 중종의 아들 인종은 세종의 아들 문종처럼 단명했다. 즉위하자마자 죽는다. 명종은 중종의 차남이었고, 선조는 중종의 손자였다. 이렇게 보면 16세기 100년 동안 적장자가 왕 노릇을 한 것은 연산군의 12년과 인종의 1년, 합하여 13년이었다.

선조와 광해군 시기 발생했던 모든 참극은 불합리한 왕위 세습 제도와 연관된 것이었다. 나는 선조의 인격 파탄이 '자격 없는 왕'이라는 자괴와 맞물려 있다고 본다. 광해군의 폐모살제廢母殺弟 역시 '자격 없는 왕'이라는 비난과 맞물려 있었다. 그렇다면 폐모살제를 명분 삼아 쿠데타를 일으킬 일이 아니었다. 폐위시킬 대상은 광해가 아니라 불합리한 적장자 세습제였다. 그리고 택현론을 옹위해야 옳았다. 태조 이래 광해군까지 231년이다. 그사이 적장자가 왕 노릇을 한 것은 고작 18년이다. 말과 현실은 달랐다. 적장자 세습제는 빈 껍데기의 명분이었다. 그런데 조선의 왕과 신하들은 왜 택현론을 공개적으로 주장하길 꺼려했을까?
생각할수록 아쉬운 대목이다.

2

세종의 하루

소년 충녕

　"훠이, 길을 비켜라."

　조선시대에는 벼슬아치가 길을 갈 때 먼저 하인들이 앞장을 섰다. 상전이 가는 길에 사람들이 통행하지 못하도록 하인들은 인구 청소를 했다. 사람들을 귀찮게 하는 짓이었다. 그랬다. 이런 꼴을 당하지 않으려고 사람들은 종로의 대로를 아예 피해버렸다. 그래서 생긴 길이 피맛길이다. 종로대로와 나란히 이어지는 작은 골목길이 생겨난 것이다.

　훗날 세종은 이렇게 회고했다. "옛날 내가 충녕대군이었을 때 길을 가더라도 사람들의 통행을 막는 일은 없었다. 효령대군도 그러했다."[13] 어진 형제였다. 임금의 아들인 왕자라면 으레 높은 신분을 앞세워 사람들을 부리고 자신의 권세를 과시하기 십상이었을 테지만 형제는 그러지 않았다. 그냥 서민들 사이에 끼여 특별하지 않은 일상을 살았나 보다.

소년 세종, 그러니까 충녕의 소년 시절을 탐구하려면 세종의 궁궐 생활이 몇 년이었는지 먼저 알아야 한다. 세종은 아버지가 왕위에 올랐던 1400년에 네 살의 나이로 궁궐에 들어갔고 열두 살에 궁궐에서 나왔다. 궁궐을 나온 이유는 결혼 때문이었다. 세자가 아닌 왕자들은 결혼과 동시에 궁궐에서 나오는 것이 왕실의 법도였다. 1408년 세종은 두 살 연상인 심온의 딸을 부인으로 맞이했다.

세종은 궁궐을 나오면서 세상 사람들에게 알려지게 되었다. 「태종실록」에 의하면 효령과 충녕의 이름이 동네 아이들의 타구 놀이에까지 등장했다는 재미있는 기사가 나온다. 타구 놀이는 막대기로 공을 치는 놀이다. 광화문 네거리 근처에 혜정교라는 다리가 있었는데, 이 다리 근처에서 동네 아이들이 타구 놀이를 했나 보다. 아이들의 이름은 곽금과 덕중이, 막금과 막승이었다. 천진난만한 꼬마들이었을 것이다. 아이들이 네 개의 공에 주상主上과 반인伴人, 효령군孝寧君과 충녕군忠寧君이라 써넣고 막대기로 치며 놀았다. 감히 주상을 치고 때리며 놀다니! 무엄한지고!

그때 공 하나가 다리 밑에 빠지자 한 아이가 소리쳤다. "효령군이 물에 빠졌다!" 지나가던 효령군의 유모가 효령의 익수溺水 소식을 듣고 깜짝 놀라 달려왔다. 유모는 효령의 장인에게 고해 바쳤고 장인은 형조에 고했으니, 아이들의 놀이가 옥사로 번졌다. 일이 크게 벌어진 것이다. 하지만 다행이었다. 열 살도 되지 않은 아이들의 놀이를 옥사로 다룰 수는 없다고 태종은 판결했다. 아이들은 아이들이지 않은가? '효령이 물에 빠졌다'는 고함 소리는 "요언妖言의 조작도 아니요, 동요童謠의 유포도 아니다. 다시는 이 일을 말하지 마라."

얼마나 애간장을 녹였을까? 네 아이의 부모는 황천에 다녀온 심정이었을 것이다. 호랑이 같은 임금을 공에 새겨 넣고는 때리고 차고 놀았으니, 이 아이들이 순진무구했던 것이냐, 심술보가 터져 나온 악동이었던 것이냐. 효령군의 익수와 연동된 네 악동들의 옥사 소식은 한양의 인구에 회자되고도 남았을 것이다. 아무튼 아이들의 놀이에까지 충녕의 이름이 등장했다는 것은 충녕이 구중궁궐의 왕자가 아니라 한양의 골목길에서 친숙하게 부를 수 있는 서민의 벗이었다는 의미다.

충녕의 이름이 어떤 계기로 알려지게 되었는지 알기는 어렵다. 그러나 백성들이 충녕에 대해 어떤 생각을 가졌는지를 알려주는 기록이 있다. 구걸로 연명하던 사람이 충녕에게 자신의 처지를 호소했다고 한다. 이 사실이 궁궐에 알려지자 태종은 "예전에도 그런 자가 있었다"라고 말했다. 어려운 처지에 있는 사람들이 자주 충녕에게 호소했음을 알 수 있다.

세종의 공부법

세종이 몇 살 때부터 학업을 시작했는가를 알려주는 직접적인 기록은 없다. 그러나 아들 문종이 여덟 살이 되자 세종이 아들을 성균관에 입학시켰다는 기록은 있다.[14] "아이의 나이 여덟 살이 되면 입학하는 것이 옛날부터의 제도다. 지금 세자의 나이 여덟 살이니 마땅히 올해 안에 좋은 날을 가려서 입학해야 할 것이다"라고 말한 것으로 보아 세종도 여덟 살에 성균관에 입학했던 것 같다. 성균관에 입학하면 맨 처음 『소학小學』을 공부한다. 세종도 이때 『소학』을 공부했을 것이다. 『국조보감國朝寶鑑』에는 세종이 어린 시절 『소학』을 여러 번 읽었다는 기록이 있다.

"과거 선조께서 『소학』의 가르침에 늘 마음을 두셨으므로 내가 9세 이전에 이 책을 다섯 번 강독했다. 매 차례마다 규정을 두어 백 번 이상을 읽었다. 그러므로 36년이 지난 지금에 와서 구두로 점검해보아도 처음 배우던 그때처럼 생생하다."[15]

'독서백편의자현讀書百遍義自見'이라는 말이 있다. '어떤 책이든 백 번을 읽으면 그 뜻이 저절로 드러난다'는 의미다. 백 번을 읽으면 아주 세세한 것까지 헤아릴 수 있단다. 같은 책을 백 번이나 읽다니, 좀 어리석지 않은가?

좋은 글을 쓰려면 '많이 듣고, 많이 읽고, 많이 생각하라'고 송나라의 대문호 구양수歐陽脩가 말했다. 이른바 3다三多(多聞, 多讀, 多想量)를 주문한 것이다. 하지만 좋은 말은 자칫 빈말일 경우가 많다. 시간은 제한되어 있다. 독서에서 선택은 필수다. 많이 읽으면 좋겠지만 어차피 지구상의 그 많은 책을 다 읽을 수 없다면, 영양가 높은 책을 골라 읽는 지혜가

필요하다. 살이 되고 피가 되는 책이 뭔가? 1000년 넘게 세월의 풍상風
霜을 견디고 살아남은 책, 바로 고전이다.

좋은 글을 쓰려면 '좋은 글을 암송하라'고 나는 당부한다. 창작은 무
에서 유를 만드는 작업이 아니다. 유에서 또 다른 유를 만드는 작업이
다. 모든 창작은 모방에서 시작한다. 표절을 두둔하는 말이 아니다. 선
대의 명문을 암송하는 것은 훌륭한 글을 쓰는 밑천이다. 조상들은 무섭
게 외웠나 보다. 도무지 오늘의 우리가 흉내 낼 수 없는 무지막지한 공
부법이다.

1420년, 그러니까 세종의 나이 24세부터 1423년 27세까지 만 4년
동안 『자치통감강목』을 비롯한 여러 책을 읽었는데, 어떤 책은 스무 번
도 읽고 서른 번도 읽었단다. 무서운 사람이다. 그다음을 보자. 감기 같
은 병이 들면 우리는 몸을 쉬길 바라는데, 세종은 그때도 책 읽기를 그
만두지 않았다고 한다. 아버지 태종이 아들의 건강을 염려할 정도였다.
태종이 서재에 꽂힌 책들을 다 감춰버릴 정도였다. 충녕은 밥 먹을 때
도 양 옆에 책을 펴고 밤이 와도 자지 않고 책을 보았단다.

잠깐, 여기서 조심할 것이 있다. '공부만 하고 생각하지 않으면 얻는
것이 없다學而不思則罔'라고 했다. 암송과 주입은 다르다. 암송은 학습자가
선택하는 자발적이고 적극적인 학습 방법이지만 주입은 학자의 의지나
상태와 무관하게 강제되는 학습 방법이다. 그런데 암송만 하고 생각하
지 않으면 독서백편의자현이라는 말이 성립할까?

'모든 이론은 회색이요, 오직 푸르른 것은 저 영원한 생명의 나무다'
라고 했다. 책이 있기 전에 삶이 있다. 삶이 있고, 생각이 있으며, 이론

이 있는 것이다. 그런데 특정 사상에 심취하다 보면 그 사상에 예속되어 주체적 사유를 포기하는 경우가 종종 발생한다. 공자의 말이 좋아따르는 것이 아니라 공자의 말이기에 숭배하는 것이다. 말이 나왔으니 말하지만 조선시대 우리 선비들이 주고받은 대부분의 언설은 공자의 것이 아니라 주자의 것이었다. 주자는 사서오경의 풀이에 있어서 최고의 권위자가 분명하지만, 그래도 공자는 공자이고 주자는 주자다. 공자의 개혁적·진취적 경향과 주자의 체제 유지적·보수적 경향은 사뭇 달랐다. 그럼에도 조선의 많은 선비가 주자의 학설을 덮어놓고 절대 진리라고 간주하는 경향이 있었다. 한마디로 '자신의 머리로 생각하지 않는 선비'가 많았다.

세종은 달랐다. 경전과 역사서를 암송하되, 문구의 의미를 자신의 머리로 생각하는 학생이었다. 아버지와 아들은 둘 다 『시경詩經』에 능통했다. 아버지 태종은 말했다. "집에 있는 사람이 비를 만나면 반드시 길 떠난 사람의 노고를 생각할 것이다."[16] 아들 충녕은 답했다. "『시경』에 이르기를, '황새가 언덕에서 우니, 부인이 집에서 탄식한다'고 했습니다." 비가 오면 길 떠난 낭군의 고달픈 처지를 생각한다고 아버지가 말하니, '언덕에서 우는 황새를 보며 부인은 운다'고 답하는 아들, 아름답지 않은가? 충녕이 『시경』을 암송하되, 그 의미를 마음에 새기면서 공부했음을 잘 보여주는 일화다.

동생 성녕대군이 아팠다.[17] 병이 날로 심해지자 대신들은 『주역周易』으로 점을 쳐서 임금에게 올렸다. 이때 충녕이 점괘의 의미를 풀이했는데, 좌우의 신하들이 모두 감탄했다고 한다. 동생 성녕대군은 결국 일어나지 못했다. 실록에 의하면 이때 충녕이 의원들을 이끌면서 직접 의약을 처방하고 조제했다고 한다.[18] 1433년 세종이 『향약집성방鄕藥集成方』을 편찬하게 했던 것은 이미 10대 때 축적된 의학 실력의 발현이었다. 세종은 중국어 실력도 웬만한 역관을 뺨칠 정도였다고 한다.

"내가 중국어를 배운 이유는 명나라의 사신과 만날 때 편리하기 때문이다. 중국어를 알면 사신의 말을 알아들을 수 있으니, 대답할 말을 빨리 생각할 수 있다."[19]

훈민정음訓民正音을 창제할 실력은 10대 청소년기에 이미 준비되었던 것이다.

주지하다시피 세종은 인문과 과학 등 여러 방면에서 업적을 이룬 임금이다. 세종은 신하들에게만 일을 맡겨두지 않았다. 몸소 함께 토론하고 공부하면서 그 분야에 대한 식견을 심화시켰다. 훈민정음의 창제, 장영실의 과학 기구 발명, 박연의 아악 정리, 『향약집성방』과 『농사직설農事直說』의 편찬은 어학, 과학, 음악 등 학문의 여러 분야를 두루 망라하는 폭넓은 식견이 있었기에 가능한 일이었다. 사람들은 실학의 원조를 성호 이익이라 하기도 하고 율곡 이이라 하기도 한다. 하지만 실학實學의 진정한 원조는 세종이 아니었을까?

세종의 하루

|

　　새벽 4시 서른세 번의 종이 울린다. 파루罷漏다. 도성의 여덟
개 문이 열리고 도성의 하루가 시작된다. 경복궁의 하루도 마찬가지다.
강녕전康寧殿 지붕 위로 해가 뜨기 전 자리에서 일어난 왕은 '내 잠이 깨
었노라' 알리는 헛기침을 한다. 왕은 익선관포를 갖추어 입고 차림새를
단정히 한다. 왕이 기침하는 순간 왕의 침전 옆 작은 방에서 숙직을 섰
던 상궁들이 들어와 이부자리를 정리한다. 수라간에서는 왕의 아침 수
라를 준비하느라 요란하다. 양치와 세수가 준비되어 있다. 내시들은 침
전 주변에 와서 어명을 기다린다.

　왕은 하늘이 내린 귀한 사람이다. 왕에게는 특별한 높임말을 썼다.
왕의 몸은 옥체, 왕의 얼굴은 용안, 왕의 눈물은 안수라 불렀다. 왕의
밥은 수라, 왕의 의자는 용상, 왕의 옷은 용포, 왕의 대변은 매화라고
했다. 궁궐에는 화장실이 없었고, 왕은 '지'라고 부르는 요강에 소변을,
'매화틀'에 대변을 보았다. 왕이 매화틀을 사용하고 나면 담당 상궁이
비단 천으로 깨끗이 닦았다.

　소세를 마친 왕은 자릿조반을 먹은 후 곤룡포를 입고 면류관을 쓴다.
왕실의 어른들께 문안 인사를 여쭈러 간다. 왕은 대비 원경왕후가 계신
자경전慈慶殿으로 향한다. 자경전에 도착하면 왕은 몸가짐을 바로 하고
대비께 문안 인사를 드린다.

　문안 인사를 마친 왕은 사정전思政殿으로 간다. 아침 경연을 위해서다.
해 뜰 무렵에 조강을 한다. 경연은 엄격했다. 세종은 즉위 직후부터 경

연에서 『대학연의』를 배웠다. 세종 5년까지 상왕 태종이 중요 사안을 처리했기 때문에 이 기간은 세종에게 참된 의미의 수련 기간이었다. 변계량을 위시하여 당대 최고의 학자들로부터 본격적인 제왕학 수업을 받았다.

경연에서는 공부만 하는 것이 아니라 당면 현안들에 관한 토론도 했다. 조강이 끝나면 조회를 연다. 신하들을 접견하는 것이다. 조참朝參은 문무백관이 모두 모이는 조회이고 상참常參은 당상관 이상의 관료가 모이는 조회다.

조강과 조회가 진행되는 동안 왕의 식사를 책임지는 소주방, 수라간은 바쁘게 돌아간다. 수라상에는 열두 가지 반찬이 올라온다. 기본 음식으로는 밥과 국, 김치와 장, 찜과 전골 등이 오르고, 반찬으로는 나물과 생채, 구이와 조림, 전과 적, 젓갈과 회 등이 오른다. 수라상이 다 준비되면 상궁은 상을 방에 옮긴 후 왕을 모신다. 세 명의 상궁이 임금의 시중을 드는데, 그중 가장 나이 많은 기미상궁이 먼저 음식 맛을 본다. 음식에 독이 들어 있는지 확인하는 것이다. 왕은 은수저로 음식을 먹는다. 세종은 고기반찬을 즐겼다고 한다.

수라를 마치면 정사를 본다. 먼저 승정원으로부터 업무를 보고 받는다. 전국에서 올라온 각종 공문서들을 보고하면 왕은 대개 "그리 하라"며 윤허한다. 사안이 중요한 상소의 경우 왕이 직접 상소문을 검토한다.

조회가 끝나면 왕은 잠시 숨을 돌리고 낮참을 먹는다. 정오에는 사정전으로 옮겨 경연을 한다. 주강이다. 낮 경연을 마치면 왕은 외국 손님들이나 지방에서 온 신하들을 만난다. 여진족과 왜인이 자주 왔다.

왕은 해가 지기 전 사정전으로 가서 저녁 경연을 한다. 석강이다. 경연을 마치면 강녕전으로 가서 저녁 수라를 든다. 분주했던 왕의 하루도 저물어간다. 통상 오후 5시 무렵이면 왕의 공식 일과가 끝난다. 조정 대신들도 승정원의 승지를 제외하고는 모두 퇴근한다.

왕의 사생활은 이때부터다. 사관들도 이후의 일을 기록하지 않았다. 왕의 사생활은 침전을 중심으로 이뤄진다. 침전은 가운데 왕이 자는 큰 방이 있고 주변에 우물 정井자로 여덟 개의 작은 방이 있었다. 세종은 단 하루도 쉬지 않고 책을 읽고 연구했다.

밤이 늦어서야 왕은 왕비가 있는 교태전交泰殿으로 향한다. 교태전은 여인이 교태를 떠는 곳이 아니다. 교태란 부부가 만나 아이를 잘 낳고 살기를 기원하는 뜻을 담고 있다. 밤이 깊어지고 왕과 왕비가 잠자리에 들면 경복궁 안의 모든 사람도 잠이 든다.

밤 10시에 스물여덟 번의 종이 울린다. 인정人定이다. 도성의 여덟 개 문이 닫히고 통행이 금지된다. 순라가 돌아다닌다.

3

밥은 하늘이다

민심은 천심

기원전 1500년경 중원을 통치한 은나라는 하늘에 제사 지내는 권리를 독점했다. 백성들은 자신의 조상에게 제를 지내고 제후들은 산천에 제를 지내지만 하늘에 제사를 지내는 것은 오직 천자만의 일이었다. 하늘과 소통할 권리에 의해 은나라의 천자는 천하를 통치할 천명을 자처했다. 하늘의 뜻을 묻기 위해 은나라 귀족들은 거북의 등껍데기를 이용하여 점을 쳤다. 갑골문자는 인격신 하느님 상제上帝의 뜻을 전달하는 신령스러운 상징이었다.

기원전 1100년경 중원을 통치한 주나라는 은나라와 다른 통치 이념을 제시했다. 천명을 받은 천자일지라도 덕을 잃으면 천명이 떠난다는 것이다. 은나라의 마지막 왕인 주를 폐하고 문왕이 새로운 나라를 건설할 수 있었던 것은 천명이 은의 주왕을 떠나 문왕에게 옮겨온 덕분이라고 주나라 사람들은 이해했다. 왕이 덕을 잃으면 천명은 떠나고 왕이 덕을 행할 때만 천하를 다스릴 권리를 부여받는다는 생각은 은나라의 종교적 사유보다 훨씬 인본주의적이었고 합리적이었다. 이것이 유교적 세계관의 토대다.

적어도 유교적 세계관에 의하면 민심은 천심이다. 백성의 마음이 떠나면 왕은 곤룡포를 걸친 껍데기 왕일 뿐, 진짜 왕이 아니다. 맹자의 언설을 빌리면 일개 시정잡배에 지나지 않는다. 왕이 왕 노릇을 제대로 해야 신하와 백성으로부터 충성을 요구할 자격이 생긴다. 그래서 세상을 바로 세우는 일, 백성의 삶을 돌보는 정사에 겸허하고 성실한 태도로 임할 것을 왕에게 요구한 것이 유학의 이념이었다.

태종 18년(1418년) 6월 3일 양녕이 폐세자된 것은 정말 느닷없는 일이었다. 태종은 불운한 아버지였다. 젊은 시절 아들을 셋이나 잃었다. 가슴에 대못을 세 개나 박고 살았던 것이다. 네 번째 품에 안은 아들이 양녕이었다. 어린 양녕이 병에 걸려 죽지 않을까 외가에서 키웠다. 얼마나 노심초사했을까? 금이야 옥이야 키운 양녕이었다. 그 시절 태종의 심회를 들려주는 기사 하나가 있다.

"내가 정도전 일파의 시기를 받아 형세가 여의치 않았다. 목숨이 경각에 달려 있다고 생각하여 항상 가슴이 답답하고 아무런 낙이 없었다. 그래서 나와 대비는 서로 양녕을 안아주고 업어주며, 무릎 위에서 내려놓은 적이 없었다. 자애하는 마음이 어느 자식보다 두터웠다."[20]

1398년의 일이다. 인간의 얼굴을 한 태종의 모습, 왠지 짠하다. 그렇게 목숨을 걸고 권력을 장악한 태종이었다. 아버지 태종이 아들 양녕에게 품은 기대는 두말할 필요가 없을 것이다. 태종은 양녕이 현군이 되길 기대했건만 양녕은 기어이 태종의 눈밖에 나버렸다. 아버지에게 막말을 하면서 대드는 아들을 두고 태종은 결단을 내렸다. 충녕에게 세자의 위를 넘긴 것은 충격적인 사건이었다.

충격은 여기서 그치지 않았다. 충녕대군이 세자로 발탁되고 불과 두 달 만에 이번에는 태종이 전격 사퇴한다. 충녕대군이 조선의 제4대 임금으로 등극했다. 1418년 8월 10일 충녕의 나이 스물두 살이었다.

세제개혁

역시 세종이었다. "백성이란 나라의 근본이다. 밥은 백성의 하늘이다"라는 교지를 내렸다.[21] '밥은 하늘이다'는 아무나 할 수 있는 소리가 아니었다. 만일 세종이 궁중에서만 살았더라면 밥의 의미를 몰랐을 것이다. 다행이었다. 세종은 12세에서 22세까지 만 10년간 한양의 골목길을 거닐었다. 밥 한 양푼을 두고 어린것들이 숟가락 전쟁을 하는 모습을 많이 보았을 것이다. 세종의 민본 사상은 민중의 삶에 뿌리를 두고 있었다.

세종 5년 실록은 전한다.

"해마다 흉년이 들어 환과고독鰥寡孤獨과 궁핍한 자가 고통을 받고 있다. 농사짓는 백성들까지 굶주림을 면치 못하니, 너무도 가련하고 민망하다. 창고를 열어 구제하라. 수령 된 자가 백성의 쓰라림을 돌보지 않을 경우 용서하지 않겠다."[22]

예조판서 황희가 보고했다.

"고양현에 굶어 죽은 사람이 있다 하여 살펴보았더니, 여종 모란과 그녀의 모자 세 사람이 굶주려 부었고, 아이 한 명은 굶어 죽었다 합니다."

세종은 의금부에 명하여 고양현 현감에게 곤장 80대를 치게 했다.[23] 왕의 마음과 수령의 마음은 달랐다. 언제까지 수령들을 닦달하고만 있을 수는 없었다. 무엇을 해야 하는가? 세종의 고민은 깊어갔을 것이다.

1391년 발표된 과전법은 소출의 10분의 1을 거두는 전제이기 때문에 액면 그대로는 고대의 정전제나 중세의 균전제처럼 매우 이상적인 전제임에 틀림없었다. 하지만 제도의 허점을 비집고 권력 남용과 부정부패가 싹트고 있었다. 수조권자들은 소출의 10분의 1에 만족하지 않았다. 말에게 먹일 풀을 달라, 기와집 아궁이에 넣을 땔감을 바쳐라, 심지어 고기 구워 먹을 숯을 구우라고 농민들을 괴롭혔다.

또 과전법의 집행 과정에도 중대한 결함이 있었다. 답험손실법踏驗損失法이 그것이다. 매년 추수 전에 그해의 작황을 셈해서 소출의 10분의 1을 거두는데 이 과정에 아전들의 자의적 결정이 개입했던 것이다. 보지 않아도 훤하다. 아전들은 작황을 낮게 잡아주는 대신 뒷돈을 챙겼을 것이다. 추수기에 관원이 직접 논밭에 나가 수확량을 보고 세금 액수를 감면해주는 답험손실법은 수조의 과정에서 관리의 횡포를 구조적으로 조장하고 있었다.

1427년(세종 9년) 세종은 과거 시험에서 답험손실법을 대체할 방안을 물었다. 1430년 호조에서 답험손실법을 폐지하고 모든 농지에 대하여 1결마다 10두씩을 거두는 완전한 정액세제안을 마련했다.

역시 세종이었다. 세종의 정책 결정에서 밀어붙이기란 찾아볼 수 없었다. 거꾸로였다. 묻고 또 물었다. 과거 시험에서만 물어본 것이 아니라 지방의 관리들에게도 묻고 농민들에게까지 물었다. 실록의 기록에 의하면 중앙의 관료로부터 일반 서민에 이르기까지 17만여 명에게 의견을 물었단다. 평균 10명의 식구가 1호를 구성한다. 17만 명의 의견을 청취했다는 것은 사실 170만 명의 여론을 살폈다는 것이다. 세종 시대의 전체 인구가 500~600만 명이었으니 가히 전 국민적 의사소통이었다.

호조에서 공법貢法에 대한 가부의 의논을 갖추어 아뢰었다. "3품 이하 현직에 있는 관료 259명과 전직 관료 443명은 좋다고 합니다. 관찰사 신개와 도사都事 김치명 그리고 수령 12명과 품관·촌민 등 257명은 모두 불가하다고 합니다. 무릇 좋다고 한 자는 9만 8657인이며, 불가하다는 자는 7만 4149명입니다."[24]

농사의 작황은 토질과 기후에 의존한다. 이런 사정을 고려하지 않고

세금을 고정시키는 것은 과세 형평의 원칙에 어긋난다. 시안은 폐기되었다. 1440년 전국 토지의 등급을 재조정하고 토지 1결마다 12말 내지 20말씩 거두게 했다. 오 마이 갓. 잘라 말해 1결에 2석의 쌀을 거두던 것을 1석으로 감한 것이다. 줄어드는 국고, 어떻게 해? 신중하자. 그해 토지가 가장 기름진 경상도와 전라도에만 이 안을 적용했고, 그다음 해에 충청도에 시행했다.

1444년 6월 마침내 윤곽이 잡혔다. 토지의 비옥도와 그해의 날씨를 다 함께 고려하는 새 세제안이 마련되었다. 토지의 비옥도에 따라 토지를 여섯 등급으로 나누자. 다시 그해의 풍흉에 따라 아홉 등급으로 나누자. 각 등급에 따라 세율을 조정하자. 소출이 많은 토지의 경우 많게는 1결당 20두를 걷고, 적게는 4두까지 차별적으로 거두자. 이것이 그 유명한 전분육등법田分六等法과 연분구등제年分九等制다.

세종의 공법은 수조 과정에서 아전들의 횡포를 없애는 대신 백성들의 부담을 절반으로 감해주는 획기적인 조치였다. 시각을 바꾸어 국가의 입장에서 보면 말단 관리인 아전과 지방의 유력자에 의한 착취와 부정을 막아 농민 경제를 안정시키고 국가의 과세 과정을 완전히 장악하려는 방법이었다. 밥이 하늘인 백성들에겐 하늘이 맑아지는 희소식이었다.

④

훈민정음, 비밀 프로젝트

훈민정음 창제의 미스터리

조선왕조 500년 역사가 이룬 최고의 성취는 훈민정음의 창제였다. 아무도 이의를 제기하지 않을 것이다. 지금 우리에게 훈민정음이 있다. 묻는다. "세종대왕 어르신, 정음을 창제하기까지 어떤 연구 과정을 거쳤어요?" 껄껄껄 웃기만 하고 답이 없다. 왕의 하루, 새벽 5시부터 밤 0시까지 시달리는 것이 왕의 하루다. 묻는다. "세종대왕 어르신, 하루 중 언제 정음을 연구했어요?" 역시 웃기만 하고 답이 없다. 『조선왕조실록』 세종 25년의 기록을 뒤져보자. 왕의 일거수일투족을 모두 담은 것이 『조선왕조실록』이니, 훈민정음이 창제된 1443년 한 해 어디엔가는 정음 연구의 흔적이 있지 않을까?

1월 5일 '노비 윤덕생의 속량에 대하여 아뢸 것을 명'하는 기사는 있어도 정음과 관련된 기사는 없다. 2월 21일 '변효문과 윤인보를 통신사로 일본에 보내'는 기사는 있어도 정음과 관련된 기사는 없다. 3월 24일 '압록강에 제방을 쌓는 문제에 대해 논의하'는 기사는 있어도 정음과 관련된 기사는 없다. 4월 15일 '남의 노비를 빼앗은 것에 대해 논의하'는 기사는 있어도 정음과 관련된 기사는 없다. 5월 8일 '노비를 때려죽인 종친 이완을 가두고 국문하'는 기사는 있어도 정음과 관련된 기사는 없다. 6월 24일 '술에 취해 남과 싸운 오랑합 부사정 양이질합을 타이르게 하'는 기사는 있어도 정음과 관련된 기사는 없다. 7월 19일 '하삼도 관찰사에게 공법의 실행에 대해 백성들의 의견을 수렴·밀봉해서 알리게 하'는 기사는 있어도 정음과 관련된 기사는 없다. 8월 13일 '간통을 한 심선과 이를 고발한 이추 등의 처리에 대해 의논하'는 기사는 있어도 정음과 관련된 기사는 없다. 9월 11일 '백성의 부담을 줄일 수 있는 조세제도에 대해 논의하'는 기사는 있어도 정음과 관련된 기사는 없다. 10월 20일 '함길도 도절제사 김효성이 요충지에 보를 쌓고 장애물과 봉화를 설치할 것을 건의하'는 기사는 있어도 정음과 관련된 기사는 없다. 11월 17일 '산학을 예습하게 할 방책을 세우려 집현전으로 하여금 역대 산학의 법을 상고하게 하'는 기사는 있어도 정음과 관련된 기사는 없다. 12월 16일 '숨어 들어오는 왜적을 잡을 것을 명하'는 기사는 있어도 정음과 관련된 기사는 없다.

이상하다. 왜 정음 창제와 관련된 기사가 없는 것이냐? 한 해의 마지막 날이었다. 12월 30일 말이다. 12월 30일의 기사에 '훈민정음을 창제하다'라고 나온다. 왜 마지막 날이었을까? 지난 한 해를 보내고 새해를 맞이하는 송구영신送舊迎新의 날, 훈민정음 창제의 기사가 나갔다는 것이

수상하다. 딱 두 문장이다.

"이달에 임금이 친히 언문 28자를 지었는데, 그 글자가 옛 전자篆字를 모방하고, 초성·중성·종성으로 나누어 합한 연후에야 글자를 이루었다. 무릇 문자에 관한 것과 이어俚語에 관한 것을 모두 쓸 수 있고, 글자는 비록 간단하고 요약하지마는 전환하는 것이 무궁하니, 이것을 훈민정음이라고 일렀다."

해동 육룡이 나르샤

나는 『용비어천가』[25]를 싫어한다. 목조와 익조, 도조와 환조로 이어지는 족보 타령부터가 싫었다. 한때 나는 족보를 따지는 어른들의 속셈이 지독히 이기적이고 편당적인 가문의 자랑에 있음을 눈치채버린 예민한 사춘기 소년이 아니었던가? 그런 소년이 시험을 위해 목조와 익조, 도조와 환조를 암기해야 했으니, 이성계의 족보를 앞세운 『용비어천가』는 아무런 감흥을 주지 못하는 케케묵은 고문서였다. 목조와 익조, 도조와 환조에 이성계와 이방원을 여섯 마리의 용으로 찬미하는 것도 눈에 거슬렸다.

때는 국민을 좀벌레로 취급하는 자들, 옷을 갈아입은 한 떼의 군인들이 국민을 종 취급하여 가던 길을 멈춰 서게 하고 국기가 다 내려올 때까지 기다리게 했던 시절이었다. 그때도 군사독재를 찬미하고 아부하던 지식인들이 있었다. 시인 조병화가 전두환의 불법적 권력 장악을 미화한 것이나[26] 시인 서정주가 독재자의 생신 찬가를 부른 것이나[27] 그 시절 우리에겐 현대판 『용비어천가』로 보였다. 선비가 지조를 버리고 권력에 아부하는 것을 곡학아세曲學阿世라 한다. 지식인의 역사적 사명과 비판적 역할이 유달리 강조되던 그 시절 『용비어천가』의 이미지는 지식인의 소임을 버리고 권력에 달라붙은 한 떼의 식자들과 연관되어 있었다.

오랫동안 『용비어천가』는 나에게 일종의 욕설이었다. '야, 야, 용비어천가 그만 읊어라.' 그러던 내가 다시 『용비어천가』에 다가선 것은 40년의 세월이 지난 후였다. 나는 서양의 인문 정신, 그 뿌리를 캐기 위해 호메로스의 두 서사시, 『일리아스Ilias』와 『오디세이아Odysseia』를 탐독했다. 얼마나 열심히 읽었는지 모르겠다. 20회 이상 반복하여 읽었을 것이다. 그렇게 고대 그리스인들의 사유 구조와 가치관을 파악하는 과정에서 한국인의 역사와 문학에 대해 내가 정당한 관심을 갖지 않았음을 반성하게 되었다. 웬일일까? 서양인의 작품은 빛나 보이고, 한국인의 작품은 치졸해 보였다.

초등학교 시절 읽었던 『삼국유사三國遺事』를 내가 다시 읽은 것은 나이 57세의 일이었다. 『삼국유사』는 역사책이라기보다 문학책이었다. '헌화가獻花歌'는 환상적이었다. "붉은 바위 끝에 암소 잡은 나의 손을 놓게 하시고 나를 부끄러워하시지 않으신다면 꽃을 꺾어 바치겠습니다." 노래도 좋지만 해설 또한 아름답다.

"노래의 작자는 노옹老翁이고 서정의 대상은 수로부인水路夫人이다. 암소를 끌고 가던 노옹은 누구인지 모르나 수로부인은 자태와 용모가 빼

어나게 아름다워 깊은 산, 큰 못을 지날 때마다 여러 번 신물神物에게 붙
잡혀 갔다고 한다."

내가 피터 리Peter H. Lee의 『용비어천가의 비평적 해석』[28]을 만난 것은
그야말로 우연이었다. 하버드 대학교의 교수인 피터 리는 『용비어천
가』에 묘사된 태조 이성계의 일대기는 유가적 세계관에 입각한 영웅 이
야기라면서 동서고금의 영웅 이야기와 비교한다. 피터 리는 "『용비어
천가』의 줄거리는 간단히 말해 한 집안의 흥기에 관한 이야기다. 선조
들은 모진 굴욕을 당하고 고향을 떠나 북방으로 이주한다. 선조들은 잠
룡이었다. 마침내 자손은 왕조의 시조가 되어 금의환향했다"면서 고대
그리스인의 『오디세이아』나 로마인의 『아이네이스Aeneis』 같은 서사시와
동일하다고 평한다.

다시 읽어보니 『용비어천가』의 대부분은 태조 이성계의 무용에 관한
이야기였다. 내가 몰랐던 역사적 사실도 많았고 따라 읽기 힘든 구절도
더러 있었다. 「태조실록」에서 보았던 신궁 이야기도 똑같이 반복되고
있었다.

"활 한 대에 노루 여섯 마리가 쓰러지고 까마귀 다섯 마리가 떨어진
다.(제86장)" "말 위에 올라탄 호랑이를 한 손으로 쳤고, 싸우는 두 마리
큰 소를 갈라 잡았다.(제87장)"

나는 전에 이런 이야기를 일고의 가치도 없다고 여겼는데, 피터 리의
비평은 달랐다. 이성계의 활이나 오디세우스의 활이 뭐가 다르냐? 이
성계의 무예가 물푸레나무로 만든 창을 휘두르며 강물과 싸우는 아킬
레우스의 무용과 무엇이 다른가? 피터 리는 나에게 물었다. 할 말이 없

었다.

『용비어천가』는 노래한다. "아기살 한 낱에 섬오랑캐가 놀라니 어느 무엇이 굳어서 싸워 쳐부수지 못하겠습니까?(제47장)" "왜구와 싸우시어 적장의 투구를 화살로 쏘아 벗기지 아니하시면 어찌 우리나라의 불쌍한 백성을 살리겠습니까?(제52장)" "활 쏘는 이 많건마는 무덕을 아시니 무덕으로 백성을 구했다.(제45장)"

전에 나는 이런 찬미가를 콧방귀 끼며 무시했다. 그런데 피터 리는 나에게 물었다. 태조 이성계의 무용을 찬미하는 『용비어천가』가 8세기 초 사람을 잡아먹는 괴물 그렌델을 물리친 고대 앵글로색슨족의 영웅 서사시 『베오울프Beowulf』와 무엇이 다른가? 나는 할 말이 없었다.

역시 나의 사유 저 밑바닥에 유럽의 글은 빛나고 한국의 글은 지질하다는 고정관념이 자리 잡고 있음을 자백하지 않으면 안 되었다. 그렇다. 이성계가 유교적 세계관을 갖춘 무장이었다는 정인지와 권제의 『용비어천가』가 곡학아세한 찬미가였다고 치자. 그렇다면 이집트 파라오의 압제에 시달리던 이스라엘 출신의 노예들을 해방시킨 모세의 서사 역시 유대인들의 『용비어천가』 아닌가? 그런데 왜 나는 소년 시절 모세의 「출애굽기」를 읽으면서 갈라진 홍해 바다에 환호했고, 뒤쫓는 파라오의 전차에 숨을 죽였으며, 광야를 떠돌던 모세의 유랑민들에게 만나를 내려준 기적을 사실보다 더 굳센 믿음으로 받아들였던가?

불휘 기픈 남군 브룸매 아니 뮐씨
곶 됴쿄 여름 하느니

시미 기픈 므른 ㄱㄱ무래 아니 그츨씩
내히 이러 바르래 가느니 (제2장)

중세 한국어에 친숙하지 않은 독자들을 위해 『용비어천가』 제2장을
현대어로 옮겨보자.

뿌리 깊은 나무 바람에 흔들리지 않고
꽃 좋고 열매 많으니

샘이 깊은 물은 가뭄에 그치지 않고
냇물이 되어 바다로 가노라

참 아름답다. 나무와 샘을 소재로 한 시상도 시상이지만 '불휘 기픈
남군 브르매 아니 뮐씨'로 흘러가는 운율이 부드럽기 그지없다. 훈민정
음은 태곳적부터 전승되어온 우리말에 글자라는 집을 지어준 것이다.
'나랏 말싸미 듕귁에 달와'로 시작되는 '세종어제世宗御製'에 의해 최초로
한국어는 글자의 집을 장만한 말이 되었다. 1446년 훈민정음 반포는 그
런 것이었다. 이어 1447년 『용비어천가』를 발간하면서 한국어는 두 번
째 문자의 저택을 갖게 되었다. 『용비어천가』가 봉건 왕조의 찬미가였
다는 비판적 시각은 여전히 유효하다. 하지만 한쪽의 시각이 너무 과도
하여 『용비어천가』가 한국어의 두 번째 저택이었다고 하는 문학사의 역
사적 의의를 조금이라도 깎아내리지는 말자. 처음 글자를 만든 민족의

글이라고 보기 어려울 정도로 아름다운 시구이지 않은가?

한글의 원리, 『동국정운』

    '하늘 천, 땅 지, 가마솥에 누룽지'에도 훈민정음의 위대한
공적이 개입된다. 훈민정음이 없는 세상에서 처녀 총각이 어떻게 연애
편지를 주고받았을까? '나는 너를 사랑해'를 어떻게 옮길까? 이두로
써볼까? '나는(我隱) 너를(余乙) 사랑해(思爲)'라고 쓴다면 의미의 전달
은 가능하겠지만 사랑의 정조를 전달하는 데는 실패한다. 생각해보자.
훈민정음이 없던 시절 학동들은 『천자문天字文』의 '천지현황天地玄黃'의 뜻
과 음을 어떻게 처음 배울까? 서당 훈장의 강의가 없을 경우 '天'이 하
늘 천이고, '地'가 땅 지인 것을 무슨 수로 배우느냐는 말이다. '天(下訥
千)'이라고 써놓고 하늘 천을 배울까? 한자엔 애당초 발음 기호가 없어
서 가르치는 사람마다 한자의 음이 다를 수밖에 없다. 발음의 대혼란,
그것이 세종대왕이 훈민정음을 창제한 또 하나의 이유였다.

훈민정음이 있을 때	훈민정음이 없을 때
天 하늘 천	天 下訥 千
地 땅 지	地 多 之
玄 검을 현	玄 去勿 現
黃 누를 황	黃 淚婁 況

1448년『동국정운』이 편찬된다.『용비어천가』의 대표 집필자가 정인지였다면『동국정운』의 대표 집필자는 신숙주다. 그는 서문에서 밝혔다. "소리를 살펴어 음을 알고, 음을 살펴어 음악을 얻고, 음악을 살펴어 정사를 알게 된다." 소리를 바로잡는 것은 바른 정치의 토대란다. 이렇게 한자의 운을 바로잡는 책,『동국정운』이 탄생한다.

지금 우리는 '天'을 '천'이라고 읽지만 현대 중국인들은 '치엔'이라 읽는다. 지금 우리는 '明'을 '명'이라 읽지만 현대 중국인들은 '밍'이라 읽는다. 우리가 '天'을 '천'이라 읽고, '明'을 '명'이라 읽는 것은 모두『동국정운』의 가르침에 의거한 것이다. 그러면 신숙주와 최항, 성삼문과 이개, 그리고 박팽년은 무엇을 근거로『동국정운』의 한자음을 설정했을까? 명나라의 수도 북경 사람들의 발음이 그랬던가? 아니다. 오늘날까지 한국인들이 알고 있는 한자의 음은 모두 당나라 장안 사람들의 발음이다. 그러니까 현대 중국인이 두보杜甫의 시를 배우려면 현대 중국인의 발음을 버리고 한국인의 한자음을 따라 배우면, 그것이 두보의 시가된다. 두보의 시 한 편을 보자.

강물이 파라니 새 더욱 희고

강벽조유백 江碧鳥逾白

산이 푸르니 꽃은 불타는 듯하다

산청화욕연 山青花欲燃

올 봄도 이렇게 지나가나니

금춘간우과今春看又過

어느 날이 내 돌아갈 해요

하일시귀년何日是歸年

'江碧鳥逾白'을 우리는 '강벽조유백'이라 읽고 오늘의 중국인들은 'jiāng(江) bì(碧) niǎo(鳥) yú(逾) bái(白)'라 읽는다. 1300년 전의 시성 두보는 오늘의 중국말을 몰랐다. 두보는 '江碧鳥逾白'을 『동국정운』 그대로 '강벽조유백'이라 읊었다.

훈민정음은 비밀 프로젝트였다. 이 비밀 프로젝트의 행동책은 세종 본인이었다. 집현전의 학자들은 세종의 연구를 보좌하는 역할을 수행했을 뿐이다. 정인지가 훈민정음의 '해례문'을 쓰고, 『용비어천가』를 작성한 것, 신숙주가 『동국정운』을 주도한 것이 그것이다. 성삼문 역시 1445년(세종 27년) 요동을 13차례나 왕래하면서 그곳에 유배 와 있던 명나라 학자 황찬黃瓚으로부터 음운학을 배웠다. 그 결과 성삼문은 1447년 신숙주, 최항, 박팽년, 이개와 함께 한자의 음을 정리한 『동국정운』을 편찬한다. 이는 수차례에 걸친 요동 방문의 결과물이었다.

세종대왕은 집현전 학자들을 키워낸 왕이었다. 따라서 집현전 학자들을 깊게 신뢰했을 것이다. 하지만 넘어설 수 없는 벽이 있었다. 종교 문제였다. 조금 뒤에 보겠지만 정인지는 불교에 심취한 세종에게 정면으로 대들기까지 했다. 그래서 불교에 대해서만큼은 세종도 조심스러웠던 모양이다.

1446년 왕비 소헌왕후가 승하했다. 이때 세종은 석가의 일대기를 훈민정음으로 펴내는 임무를 아들 수양대군에게 맡긴다. 1447년 『석보상절釋譜詳節』이 편찬된다. 세종은 수양대군이 지은 『석보상절』을 참고하여 또 하나의 작품 『월인천강지곡月印千江之曲』을 짓는다. 1449년의 일이다. 그러니까 세종대왕은 시인이었던 셈이다. '월인천강'이 무슨 뜻이냐? 달의 그림자가 1000개의 강에 비추듯, 석가의 공덕이 만인에게 비친다는 뜻이다. '달 그림자 즈믄 가람에 비초나이다.'

천고에 남을 두보의 시

분명히 배웠다. 고교 시절 교과서에서 두보의 시 몇 편을 배웠다. '강촌江村'을 배웠고, '등고登高'를 배웠다. 그런데 내가 두보의 시를 암송했던 것은 두보가 좋아서가 아니었다. 두시를 모르고선 국어 시험에서 좋은 점수를 받을 수 없었기 때문에 외웠다. 왜 그랬는지 모르겠다. 국어 선생님은 두보의 시가 얼마나 위대한지, 그 시인이 얼마나 신산辛酸의 삶을 살았는지에 대해서는 아무 말이 없었다.

문학적 심미안에 있어서 서툴고 중국 문학의 흐름에 대해서 문외한인 내가 두보야말로 중국 시의 최고봉이라 칭한다면 나의 호언장담에 대해 웃는 사람이 있을 것이다. 내가 읽어본 글들 중 서양의 글은 호메로스가 단연 돋보이고, 동양의 글은 두보가 단연 돋보인다. 호메로스는 서양의 두보이고, 두보는 동양의 호메로스가 아닐까?

청소년들에게 꼭 읽어보라고 권유하고 싶은 글이 많지 않다. 호메로스의 두 서사시 『일리아스』와 『오디세이아』, 플라톤의 『소크라테스의 변론』, 플루타르코스의 『플루타르코스 영웅전』 가운데 리쿠르고스, 페리클레스, 키케로, 카이사르의 전기를 꼭 읽어보라고 추천한다. 물론 신약성경의 복음서 네 편도 뺄 수 없다. 근대로 오면 나는 단연 도스토예프스키의 『죄와 벌』『악령』『카라마조프가의 형제들』을 권한다.

서양의 대표 고전을 읽지 않았다면 반쪽 인간이다. 마찬가지로 동양의 대표 고전을 읽지 않은 사람도 반쪽 인간이다. 『논어』에서 공자의 인격을 만나자. 『도덕경道德經』에서 동양의 지혜를 배우자. 자라나는 청소년에겐 『삼국지三國志』를 일독할 것을 권장하고 싶다. 그리고 청년이든 장년이든 노년이든 두보의 시를 읽어야 한다.

등고

바람은 세차고 하늘은 높은데 원숭이 울음소리는 슬프고,
맑은 물가 새하얀 모래톱에 새들이 날아서 돌아오네.

아득히 먼 곳의 나뭇잎은 가을바람 소리 따라 떨어지고,
다함 없이 흐르는 장강은 도도하게 흘러간다.
만 리 밖 슬픈 가을에 언제나 나그네 된 나는
한평생 많은 병 얻으며 홀로 높은 대에 오르네.
가난하고 곤고한 삶의 한으로 서리 빛 귀밑머리 성성하고,
늙고 쇠약해져 새롭게 탁주잔을 멈춘다.

　우리 조상들은 한문으로 쓰인 두시를 자신들의 언어, 즉 중세 국어로 번역했다. 『두시언해杜詩諺解』는 1443년에 번역되기 시작하여 1481년(성종 12년)에 완성되었다. 38년 만에 이룬 대업이었다. 훈민정음으로 기록된 한국의 첫 역시집譯詩集이다. 조만간 동아시아가 세계의 사람들에게 할 말을 할 때가 올 것이다. 그때 동아시아인은 세계를 향해 두보의 시를 들려주어야 한다.

　나이 들어 두보 초당을 찾아갔다. 중국의 청두成都에는 두보의 초당과 제갈량의 사당이 함께 있었다. 『삼국지』의 유비와 제갈량은 이웃집 아저씨처럼 친근한 어른이었기 때문에 유달리 청두는 살가웠다. 두보의 초당은 울창한 숲 속 공원이었다. 두보의 조각상을 세워둔 곳에서 사진을 찍었다. 기둥 위에 쓴 '시성저천추詩聖著千秋'가 인상적이었다. '시성 두보는 천년의 역사에 길이 빛난다'는 뜻이다. 이 초당에서 쓴 '강촌'을 읽어보자.

　맑은 강 한 굽이가 마을을 안아 흐르니

긴 여름 강촌의 일마다 그윽하다.
절로 가며 절로 오는 것은 집 위의 제비요,
서로 친하며 서로 가까운 것은 물 가운데 갈매기로다.
늙은 아내는 종이에 그려 장기판을 만들고
어린 아들은 바늘을 두드려 고기 낚을 낚시를 만든다.
많은 병에 얻고자 하는 것은 오직 약물이니,
하찮은 이 몸, 이밖에 또 뭘 바랄까.

지금 우리에겐 세 개의 두시가 있다. 하나는 한문으로 쓰인 두시이고 다른 하나는 현대 한국어로 번역된 두시다. 어느 것 하나 버릴 수 없을 만큼 아름답다. 그런데 중세 한국어로 번역된 두시는 원문과 또 다른 독특한 멋을 풍긴다.

말간 가람 한 고비 마을을 아나 흐르나니
긴 녀름 강촌애 일마다 유심하도다.
절로 가며 절로 오나닌 집 우흿 져비오
서르 친하며 서르 갓갑나닌 물 가운딧 갈며기로다.
늘근 겨지븐 죠히를 그려 쟝기파늘 맹갈어늘
져믄 아들은 바늘을 두드려 고시 낫글 낙살 맹가나다.
한 병에 얻고져 하는 바는 오직 약물이니
져구맛 모미 이 밧긔 다시 므스글 구하리오.

이렇게 옮기기 위해 우리의 선조들은 38년의 세월을 투자했다. 그 작업은 민족적 사업인 동시에 세계적 작업이었다. 『두시언해』의 세계성이 모든 인류에게 공유될 날을 고대한다.

5

세종의 신하들

아버지가 키운 사람들

조선을 망친 것도 과거지만 조선을 세운 것도 과거다. 누가 뭐라 해도 과거는 기회의 균등을 보장한 인재 선발의 합리적 제도였다. 15세기에 시험으로 관리를 선발하는 나라가 전 세계에 몇이나 되던가? 그 시절 출생과 함께 공작이니 후작이니 신분이 결정되었던 서양과 비교하면 고전을 암송하고, 시문을 짓고, 대책을 논술하여 관리를 선발했던 것은 분명 우수한 시스템이었다. 아버지 태종이 문과에 급제한 왕이었다면 아들 세종은 문과의 등용문을 거친 준재들의 도움으로 태평성대를 이끈 왕이었다.

장맛비가 주룩주룩 내리고 있다. 한 선비가 비가 새는 집에서 우산을 받쳐 들고 부인에게 말한다. "부인, 우산도 없는 집들은 이 비를 어떻게 견디겠소?" 그 남자에 그 여인이었다. 부인은 응대했다. "우산이 없는 집은 다른 수단이 있답니다." 『필원잡기筆苑雜記』는 이 선비의 이름을 유관이라 소개한다. 조선 500년 역사에서 청백리의 대명사로 손꼽히는 유관은 태종이 전격적으로 세종에게 왕위를 넘겼던 1418년 73세의 노구를 이끌고 대제학을 역임하고 있었고, 이어 세종으로부터 우의정을 제수받았다. 유관은 언제나 자신의 지위를 낮추었고 깔끔한 용모를 지녔으며 덕은 높아도 교만한 구석이 없어 선비들의 모범이요, 백관의 존경을 한 몸에 받았다. 『용재총화』는 말한다. 정승이면서도 손님이 찾아오면 맨발에 짚신을 끌고 맞이했고, 호미를 들고 몸소 채마밭을 일구었다고. 그윽이 생각해보건대, 유관의 소탈하고 청렴한 삶에 대해서는 존경스러운 마음이 일지만 장마에 비가 샐 정도로 집을 돌보지 않았다는 것은 좀 이상하다.

"강호江湖에 가을이 드니 고기마다 살져 잇다"는 시조로 유명한 맹사성. 그는 1360년에 태어났으니 나이로는 황희보다 세 살 위였으나 관직으론 늘 한 자리 아래였다. 세종 13년 황희가 영의정에 오르자 맹사성은 좌의정이 되어 세종의 정치를 이끌었다. 맹사성은 청빈하여 한평생 가난하게 살았다. 옷이 남루하여 사람들은 그가 재상인 줄도 몰랐다고 한다. 소를 타고 다니면서 피리 부는 것이 그의 취미였다나. 언제나 그의 소매 속에는 피리가 들어 있어 한 곡조 부르지 않고선 잠을 자지 못했다. 사람들은 그를 '소 타고 피리 부는 재상'이라고 불렀다.

파주에 가면 율곡 이이가 어린 시절 놀았다는 화석정花石亭이 있고, 황희가 지었다는 반구정伴鷗亭이 있다. 임진강변의 반구정은 한강변의 압구정鴫鷗亭과 뜻이 같다. 둘 다 갈매기를 벗 삼아 노닐고 싶다는 뜻이다. 조선조 500년을 통틀어 으뜸가는 명재상이라 불리는 황희. 그는 1422년 세종의 부름을 받고 1431년 영의정이 되어 이후 1449년까지 무려 18년 동안 영의정을 지냈다. 그의 나이 88세 되던 해 관직에서 물러나 1452년에 졸卒했으니 노을 지는 임진강변의 갈매기들을 벗 삼아 노닐고자 했던 뜻을 노재상은 이루었을까?

황희는 원칙주의자였다. 그는 태종에 반대하여 일관되게 양녕을 옹호한 신하였다. 이 일로 유배에 처해진다. 하지만 세종은 황희의 손을 잡아주었다. 황희의 소신을 세종이 포용한 것이다. 황희는 노비에 대해서 매우 관대했다. 수염을 뽑고 뺨을 때리는 어린아이들에게나 시커먼 발로 방안에 들어와 술상의 안주를 다 집어먹어버리는 어린아이들에게나 화내지 않고 웃기만 했다는 황희의 일화는 유명하다. 그런데 그 아이들이 노비의 자식들이었다. 황희는 말했다. "노비도 하늘이 낸 백성이다." 여종이 아이를 낳으면 아이도 종이 된다. 뿐만이 아니었다. 어머니는 양인의 딸인데, 아버지가 종이면 아이도 종이 된다. 『경국대전』은 양인과 종의 혼인을 허용하면서 아비, 어미 둘 중 하나가 종이면 자식도 종이 되는 종천제를 따랐다. 무서운 법이었다. 조선 초 황희는 종부법을 주창했다. 어머니가 종일지라도 아버지가 양인일 경우 자식은 아버지를 따라 양인으로 대우해야 한다는 종부법은 작지만 큰 의미를 갖는 법이었다. 태종의 종부법, 그 이면에는 노비의 자식들을 아끼는 황희의 애정이 숨쉬고 있었다.

삭풍은 나무 끝에 불고 명월은 눈 속에 찬데

만리변성에 일장검 짚고 서서

긴 파람 큰 한소리에 거칠 것이 없어라

이 시조의 주인공은 김종서다. 그런데 김종서가 문인이라는 사실을
아는 사람은 드물다. 고려시대의 서희나 강감찬도 문인이었고, 김종서
와 권율도 본디 과거의 문과에 급제한 문인이었다. 그냥 문인이 아니
었다. 천재형 문인이었다. 1383년생인 김종서가 과거에 급제한 것은
1405년. 그의 나이 23세였다. 그는 범상치 않은 능력의 소유자였다. 어
찌 보면 신라 김춘추의 삼국통일은 삼국통일이 아니었다. 고구려를 당
에게 넘겨준 대신 백제를 얻는 통일이 아니었던가? 고구려의 땅과 사
람의 태반이 당에 넘어갔으므로 삼국통일의 실상은 이국통일이요, 잘
해보았자 2.2통일이었다. 오늘 한국의 북방 경계가 압록과 두만으로
설정된 것은 전적으로 세종의 4군 6진 개척 때문인데, 나는 이것을 2.5
통일이라 부르고 싶다. 김종서는 2.5통일의 선구자였다. 김종서는 또한
『고려사절요高麗史節要』의 편찬을 주도한 역사가였다. 만리변성에 일장검
짚고 서 있는 변방의 무장이 『고려사절요』를 편찬한 역사가라니, 새로
운 사실을 알아가는 것이 흥미롭지 않은가?

유관과 맹사성, 황희와 김종서가 아버지 태종과 손발을 맞춘 선수들
이었다면 이제 세종이 발굴하여 직접 조련한 선수들이 등장할 차례다.
세종을 보필한 천재 학자로는 단연 정인지를 꼽을 수 있다.

집현전의 리더, 정인지

정인지는 1396년생이다. 1397년생인 세종과 또래였던 것이다. 19세에 문과에 장원급제했으니 그의 총명함이 얼마나 빛났는지 짐작할 수 있을 것이다. 세종은 손수 여러 젊은 학자들을 키워냈지만 외로운 왕이었다. 세종의 정책을 세종의 신하들이 반대하고 나선 것이 한두 번이 아니었다. 그때마다 세종의 혁신을 지지한 이가 정인지였다. 정인지는 경학과 역사는 물론, 수학과 천문학, 언어학과 약학 등 통달하지 못한 학문이 없었다. 그런 점에서 정인지는 세종과 함께 모든 문제를 의논할 수 있는 유일한 신하였다.[29] 성삼문과 박팽년, 신숙주와 이개 등 집현전 학자들은 사실상 정인지가 키워냈다. 정인지는 부제학을 맡으면서 집현전을 이끌어갔다. 집현전에서 경학과 역사학, 천문학과 기술과학, 농학과 약학, 법학과 언어학 등 학문의 모든 것을 연구할 수 있었던 것도 모두 정인지의 역량 덕분이었다. 그는 세종에게 수학과 천문학을 강의했고 풍수학의 제조를 맡기도 했다. 1433년 세종에게 혼천의渾天儀를 바칠 수 있었던 것도 정초와 이천, 그리고 정인지의 수고 덕택이었다.

하지만 지방관으로서의 통치 역량은 젬병이었다. 그는 학자였지 행정관은 아니었다. 그의 충청도 관찰사직은 실패작이었다. 충청도에서 돌아와 1439년 예문과 대제학을 맡을 수 있었던 것은 전적으로 세종의 신임 덕택이었다. 그런데 여기에서 정인지와 세종이 맞짱을 뜬다. 세종의 불교 애호를 정인지가 정면으로 반박하고 나선 것이다. "전하께서는 오경의 이치를 모두 깨우치고, 백대의 흥망성쇠를 두루 살펴셨는데, 어찌 한낱 불도에 의지하려 하십니까?" 세종은 물러서지 않았다.

"대저 임금의 허물을 읽고 짜는 것은 소유小儒들의 짓이다. 그들 부모들은 집에서 염불하고 경을 읽어도 그 아들이 간하여 그치게 못하면서 조정에 와서는 임금의 허물을 꾸미는가."[30]

정인지에 대한 세종의 신임은 깊었다. 1443년 12월 30일 기습적으로 발표한 훈민정음에 대하여 세종은 정인지에게 「훈민정음 해례」를 짓게 했다.

최만리, 훈민정음을 반대하다

세종이 낳은 아이는 위대했으나 아이의 울음소리는 안쓰러웠다. 『조선왕조실록』이 세종의 연구 과정을 일체 기록하지 않았다는 것은 사관들이 임금의 연구 작업을 '왕'무시했거나 아니면 왕이 자신의 연구 작업을 사관의 눈이 없는 공간에서 비밀리에 진행했다는 의미다. 어느 경우나 아이의 탄생을 질시하는 표독한 눈초리가 서늘하게 느껴진다. 아니나 다를까 최만리가 훈민정음 창제의 부당함을 상소했다. 1444년 2월 20일의 일이다.

최만리가 누구던가? 세종이 즉위하던 해에 치러진 증광시에서 3등으로 급제한 수재다. 25년 동안 집현전에서 일했고 1444년엔 부제학의 직을 담당했으니 사실상 집현전을 책임진 세종의 핵심 관료였다. 세종의 아들 문종의 왕사였다. 얼마나 세종이 최만리를 믿고 아꼈을지 짐작하고도 남는다. 그럼에도 청백리에 뽑혔으니 최만리는 오직 원칙대로만 살았던 선비의 전형이었다. 세종의 정음 연구 과정에 대한 기록은 없지만 정음을 연구하던 세종의 마음이 얼마나 외로웠을지 잘 보여주는 글이 최만리의 상소문이다.

세종 26년, 집현전 부제학 최만리 등이 언문 제작의 부당함을 아뢰다.

집현전 부제학 최만리 등이 상소하기를, "신 등이 엎드려 보옵건대, 언문을 제작하신 것이 지극히 신묘하와 만물을 창조하시고 지혜를 운전하심이 천고에 뛰어나시오나, 신 등의 구구한 좁은 소견으로는 오히려 의심되는 것이 있사와 감히 간곡한 정성을 펴서 삼가 뒤에 열거하오니 엎디어 성재聖裁하시옵기를 바랍니다."

최만리의 상소문은 훈민정음에 대한 조선 사대부들의 견해를 대변한다. 당시의 정서를 이해하는 데 아주 중요한 문건이다. 잘 음미해보자. 최만리는 서두에서 언문이 지극히 신묘함을 인정한다. 이는 '성은이 망극무지로소이다'와 같은 말 봉사가 아닐 것이다. 석학이었던 최만리가 보기에 정음은 천고의 역사에 찾아보기 힘든 탁월한 성취였다.

훈민정음의 위대성은 어디에 있는가? 인간의 언어가 '멍멍' 짖어대는 개의 소리와 다른 까닭은 언어의 분절성에 있다. 개는 '멍멍', '낑낑' 등 10여 가지의 소리로 자신의 상태를 본능에 따라 표현하지만, 인간은 필요에 따라 '마마', '머머', '모모', '무무' 등 무한에 이르는 다양한 소리를 낸다. 인간의 언어는 하나의 단어를 몇 개의 음절(예, 사+랑)로 나눌 수 있고, 한 개의 음절을 몇 개의 음소(예, ㄹ+ㅏ+ㅇ)로 나눌 수 있다. 인간 언어의 분절성은 거꾸로 음소의 결합에 의해 음절을 만들고 음절의 결합에 의해 단어를 만듦으로써 1000만 개가 넘는 단어를 창작할 수 있다는 의미다. 언어의 분절성에 의해 무한대에 이르는 소리를 자유자재로 낼 수 있는 것이 인간 언어의 창조성이다.

그런데 이 언어의 분절성과 창조성을 가장 정확하게 구현하는 문자가 훈민정음이다. 알파벳은 음소를 죽 늘어놓을 따름이지, 훈민정음처럼 초성과 중성과 종성의 조합 체계가 없다. '물'과 '불'과 '술'과 '굴'을 써놓고 초성, 중성, 종성의 원리를 발견했을 때 세종의 영혼은 얼마나 깊은 떨림에 사로잡혔을까?

세종은 천지인삼재天地人三才의 원리와 음양의 원리를 결합하여 정음의 모음 문자를 만들었다. 하늘의 태양은 점이다. 땅은 수평선이다. 사람은 직립 동물이므로 수직선이다. 사람 앞에 태양이 있으면 아, 사람 뒤에 태양이 있으면 어, 땅 위에 태양이 있으면 오, 땅 밑에 태양이 있으면 우, 아와 오는 양의 모음이요, 어와 우는 음의 모음이다. 아랍어는 모음이 세 개뿐이고 알파벳은 모음이 다섯 개뿐이다. 하지만 훈민정음의 경우 기본 모음이 11개요, 중모음이 18개다. 훈민정음이 자연의 모든 소리를 자유자재로 흉내 낼 수 있는 까닭은 모음의 우수성에 있다.

최만리도 정음의 탁월성을 간파했던 것이다.

> 우리 조선은 조종 때부터 내려오면서 지성스럽게 대국을 섬기어 한
> 결같이 중화의 제도를 따랐는데, 이제 글을 같이하고 법도를 같이하
> 는 때를 당하여 언문을 창작하신 것은 보고 듣기에 놀라움이 있습니
> 다. 설혹 말하기를, '언문은 모두 옛 글자를 본뜬 것이고 새로 된 글자
> 가 아니라' 하지만, 글자의 형상은 비록 옛날의 전문을 모방했을지라
> 도 음을 쓰고 글자를 합하는 것은 모두 옛것에 반대되니 실로 의거할
> 데가 없사옵니다. 만일 중국에라도 흘러 들어가서 혹시라도 비난하
> 여 말하는 자가 있사오면, 어찌 대국을 섬기고 중화를 사모하는 데에
> 부끄러움이 없사오리까.

최만리의 동료들, 조선의 사대부들은 난리법석을 피웠을 것이다. 이
런 상스러운 글자가 어디 있느냐? 평생을 공부해도 합격하기 힘든 것
이 과거였다. 과거의 소과 시험도 통과하기도 힘든데, 대과 시험을 통
과하기란 그야말로 하늘의 별 따기였다. 사서오경을 달달달 암송하기
도 힘든 일인데, 사서오경의 주요 구절에 관한 독창적 논술문을 써낼
수 있는 실력을 연마해야 대과를 통과할 수 있었다. 30년 동안 한문을
공부해야 겨우 시 한 줄을 쓸 수 있는 실력을 갖춘다. 지금 세종이 하는
짓은 무언가? 사대부들만이 출입할 수 있는 사서오경의 성을 허물자는
것 아닌가? 어험! 왕이 황당무계한 취미를 가지고 있어 조정의 질서를
어지럽히고 있으니, 이를 어이할꼬? 최만리는 상소문에서 유해관청有駭

觀聽이라고 했다. 보고 놀라고 듣고 놀란다는 것이다. 조선 사대부들의 고함 소리가 들린다. 단죄해야 한다고 언성을 높여 떠들었을 것이고, '부제학 어른 뭐하시오?'라고 추궁했을 것이다. 그래서 최만리가 총대를 멨던 것이다.

신라 설총의 이두는 모두 중국에서 통행하는 글자를 빌려서 사용했기에 학문을 흥기시키는 데에 한 도움이 되었습니다. 어찌 예로부터 시행하던 글을 고쳐서 따로 야비하고 상스러운 무익한 글자를 창조하시는 겁니까? 만약에 언문을 시행하오면 관리가 오로지 언문만을 습득하려 할 것입니다. 진실로 관리들이 27자의 언문으로도 족히 세상에 입신할 수 있다면 무엇 때문에 고심하여 성리학을 궁리하려 하겠습니까.

최만리는 두 가지 주장을 편다. 하나는 우리말과 한문의 불일치에서 오는 불편을 설총이 만든 이두로 해소해왔다는 것이다. 이두는 한자를 빌린 것으로 학문 연구에도 제법 보탬이 되었다고 말하는 것은 이두 예찬론이 아니다. 새 글자는 이두보다 못하다고 비웃는 것이다. 새 글자는 야비하고 상스럽고 무익하다고 못 박는 것이다. 최만리는 면책특권이라도 갖고 있었나? 아무리 신권이 존중된 시대라 해도 신하의 입에서 나올 수 있는 언어가 아니다. 이것은 막말이다.

다음으로 관리들이 언문으로 업무를 보게 된다면 성리학을 탐구하는 수고를 누가 하겠냐고 따지고 있다. 최만리를 앞세운 조정 신하들의 반대 상소의 핵심은 이것이다. 조선왕조는 국민국가가 아니라 양반 사대부의 나라였다. 양반들의 경제적 지위와 문화적 풍류를 보장해주는 대신 인구의 5할에 이르는 막대한 다수 민중을 종으로 혹사시킨 계급 사회였다. 조선이 자랑하는 대표적 유학자 퇴계 이황은 경상도 일대에 400여 명의 노비를 거느렸다. 「면앙정가俛仰亭歌」라는 가사문학 작품을 남겨 가사문학의 효시로 유명한 송순 역시 담양 일대 1000여 명에 달하는 노비를 거느린 사대부였다.

조정의 신하들은 최만리를 대표로 내세워서 계급적 질서를 어지럽히는 왕을 상대로 계급 전쟁을 벌였다. 희한한 일이었다. 급진적 개혁 사상을 내포한 『홍길동』의 저자 허균이 계급 해체와 대동 사회 건설을 내세웠다면 이해가 간다. 지금 문자의 개혁을 통한 민권의 신장, 불평등의 타파를 기획하고 있는 이는 왕이다. 적어도 왕을 한 사회의 지배자들의 계급적 이익을 대표하는 자로 인식해왔던 우리에게 세종의 기획은 지극히 당혹스럽다. 왕이 지배자들의 문화적 독점 구도를 타파하는 혁명을 추진했기 때문이다. 왕이 지배자들의 계급적 이익에 대항하는 투쟁의 선봉에 서다니, 이해할 수 없는 사건이 조선 땅에서 벌어진 것이다.

다시 생각하는 사육신

만일 역사가가 도덕가라면 수양대군의 왕위 탈취는 부도덕

한 절도 행위였다고 기록하면 된다. 하지만 역사가의 고민은 깊다. 절도는 나쁜 짓이라는 도덕적 판단과 무관하게 절도 행위가 지속적으로 반복된다면 역사가는 절도의 인과와 구조를 밝히는 쪽으로 연구를 밀고 간다. 수양대군의 왕위 탈취가 과연 개인적 야심의 발로였던가? 수양대군과 안평대군의 갈등 속에는 또 다른 모순, 즉 왕권과 신권의 모순은 없었던가? 사육신의 죽음에서 우리가 간취할 것이 선비의 충절뿐인가? 연산군의 광기가 단지 잘못 성장한 패륜아의 몸부림이었던가? 갑자사화와 무오사화 이면에는 왕권과 신권의 갈등이 작용하고 있었던 것은 아닌가?

세조의 계유정난癸酉靖難은 조카와 삼촌, 형과 동생이 다툰 왕실의 집안싸움이라고 생각해보자. 성삼문으로 대표되는 사육신의 단종 복위 거사는 무엇인가? 조선왕조는 그 주인이 왕인지 신료들인지 분간하기 힘들 때가 많다. 연산군을 폐하고 중종을 왕으로 내세운 것은 신료들이었다. 중종 이래 조선왕조의 실권은 사대부들에게 넘어갔다고 보아야 한다. 태종 같은 왕이 절대 권력을 휘두를 때 조선왕조는 왕의 나라였다. 하지만 그 태종도 사관의 기록 앞에선 어쩔 수 없었다. 절대 지존도 영원히 지워지지 않을 실록 앞에선 무릎을 꿇어야 하는 것이 조선왕조였다.

사육신의 국문 현장으로 들어가 보자. 세조는 성삼문에게 묻는다. "너희들이 어찌하여 나를 배반하는가." 신하(성삼문)가 모시던 왕(세조)의 폐위를 도모한 것은 명백한 모반이었다.

"어찌 이를 모반이라 말하는가. 나의 마음은 나라 사람이 다 안다. 나리가 남의 나라를 빼앗았고, 나의 군주가 폐위당하는 것을 보고 견딜 수가 없어서 그러는 것이다. 나리가 평소 걸핏하면 주공周公을 지칭하는데, 주공도 이런 일이 있었소?" 성삼문이 이렇게 하는 것은 하늘에 태양이 둘이 없고 백성에게 군주가 둘이 있을 수 없기 때문이리라.

– 『대동야승』 중에서

잠깐 주공이 누군가? 기원전 1100년 무왕이 은나라의 폭군 주를 폐하고 새 왕조 주나라를 개창했을 때 형 무왕을 도와 주나라의 예법을 세운 이가 주공이다. 주공은 무왕의 어린 아들 성왕이 왕위에 오르자 조카를 잘 보위하여 주나라의 태평성대를 열었다고 한다. 공자가 꿈에도 그리던, 공자의 사표가 주공이었다. 세조는 평소 주공을 자칭했나 보다. 주공이 성왕을 보필했듯이, 단종을 보필하는 것이 선왕의 유지를 따르는 자신의 소임이라고. 그러니까 무왕과 주공의 고사는 공자를 따르는 유학자들에게는 만고불변의 진리였다. 성삼문은 세조의 언행불일치를 이렇게 따져 묻는 것이다.

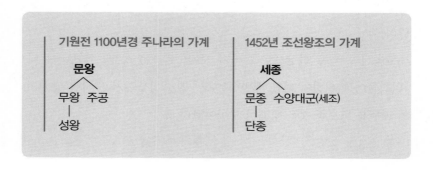

기원전 1100년경 주나라의 가계

문왕
무왕 주공
성왕

1452년 조선왕조의 가계

세종
문종 수양대군(세조)
단종

성삼문의 말에 화가 난 세조는 "지난번 옥새를 가져올 때는 가만히 있다가 이제 와서 나를 배신하는 이유가 무엇인가"라고 다그쳤다. 성삼문은 "때를 기다려 뒤를 기다렸을 뿐이다"라고 답했다. 세조가 다시 다그쳤다. "너는 나의 녹을 먹지 아니했는가? 녹을 먹고도 배반을 했으므로 명분은 상왕을 복위한다고 하지만 사실은 스스로 정권을 차지하려는 것이 아닌가?" 녹을 먹었다는 것은 왕의 신하임을 인정했다는 것이다. 그 신하가 그 왕에 대해 역모를 꾸민 것은 모반이 아니고 무엇이냐는 세조의 국문은 논리 정연하다. 그런데 성삼문은 애오라지 세조의 신하인 적이 없었다는 것이다.

"나리의 녹을 먹지 아니했으니, 만약 나의 말을 믿지 못하겠다면 내 가산을 몰수하여 헤아려보십시오."

— 남효온, 「육신전」 중에서

세조는 성삼문의 왕이 아니었다. 절대 권력을 휘두르는 지존의 왕도 신하의 충절만큼은 좌지우지할 수 없다. 그러니까 조선왕조에서 신하는 왕의 명령에 맹목적으로 복종하는 충견이 아니었던 것이다. 왕이 신하가 따르는 유교적 세계관에 충실할 때 신하도 왕의 신하가 되는 것이다. 성삼문을 국문하는 세조는 왕의 권세를 남용하고 있는 한낱 '나리'에 불과했다. 이후 세조는 쇠를 달구어 다리를 지졌고 성삼문은 "인두가 식었다. 다시 달구어 오라"고 대들었다. 선비의 충절과 기개 앞에서 우리는 숙연할 수밖에 없다.

그런데 국문장에서 생사를 초월한 논전을 벌이고 있는 성삼문에게 나는 묻고 싶다. 성삼문의 불사이군不事二君이 그렇게 소중한 가치였던가? 불사이군이라면 특정 왕에 대한 충성이자 왕조 전체에 대한 충성일 것이다. 문종이나 세조나 모두 똑같은 세종의 아들들이다. 핏줄로 보면 단종에게 충성을 바치는 것이나 세조에게 충성을 바치는 것이나 50보 100보 아닌가? 지금 성삼문은 조카를 보필한 주공을 거론하고 있는데, 이거 호랑이 담배 피우던 시절의 전설 따라 삼천리 같은 이야기 아닌가?

성삼문이 역사 교과서로 읽었을 『춘추좌전春秋左傳』을 펼쳐보자. 기원전 770년 주나라가 수도를 낙양으로 천도한 이래 천자의 권위는 무너졌다. 천자를 대신하여 중원의 제후국들을 집합시키고, 천하의 대사를 결정한 것은 몇몇 패자였다. 제나라의 환공桓公과 진나라의 문공文公과 초나라의 장왕莊王이 사실상의 천자였다. 그렇다면 주나라의 입장에서 보면 춘추시대 모든 제후와 사대부는 빠짐없이 주나라의 천자를 배신한 괘씸한 녀석들이 되는 셈이다. 이를 어찌할 것인가?

보자. 제나라의 환공을 보좌하여 중원의 패자가 되도록 이끈 관중管仲은 무엇인가? 성삼문의 입장에서 보면 관중은 두 번이나 주군을 배신한 간신이었다. 형 규糾와 동생 소백小白이 왕자의 난을 치르던 무렵 관중은 규를 모셨다. 그런데 규가 소백에게 패하자 관중은 형 규를 따라 죽지 않고 살아남아 이번에는 소백의 신하가 되었다. 관중은 소백(제 환공)을 도와 중원의 패자가 되도록 했으니, 규를 배신하고 소백을 따름으로써 한 번의 배신을 저지른 것이고, 제 환공이 제후들에게 회맹의 명령을 내리게 함으로써 천자의 권한을 자임하였기에 두 번의 배신을 저지른 것이다. 그래서 자로子路와 자공子貢은 관중에 대한 비판적 의견을 공자에게 제시한 것이다. 그때 공자는 뭐라고 관중을 두둔하였던가? "관중이 아니었다면 우리는 오랑캐의 말발굽 아래 살고 있을 것이다."

둥 둥 둥 북소리는 사람 목숨 재촉하는데
머리 돌려 돌아보니 해는 이미 기울었네
머나먼 황천길에 주막 하나 없으니

오늘밤은 뉘 집에서 재워줄꼬.

- 성삼문, 「임사부」

불사이군의 충절과 지조, 죽음 앞에서 초연히 시 한 수를 읊는 기개,
소중한 우리의 정신적 자산이다. 하지만 죽음이 최선의 선택이었을까?

위대한 기록 『조선왕조실록』

태종 4년 2월 『조선왕조실록』은 기록한다.

"친히 활과 화살을 가지고 말을 달려 노루를 쏘다가 말이 거꾸러짐으로 인하여 말에서 떨어졌으나 상하지는 않았다. 좌우를 돌아보며 말하기를, '사관史官이 알게 하지 말라'했다."[31]

어라? 왕이 적지 말라고 한 사실이 어찌하여 『조선왕조실록』에 올라 있는가?

태종은 창피했다. 아버지 태조만큼 출중한 무장은 아니어도 어려서부터 말 달리고 사냥하며 자란 무인 집안 출신의 왕이었다. 태종은 분명 사관더러 기록하지 말라고 명했거늘, 사관은 왕명을 거부한 것이다. 그리고 기록하지 말라고 명령했다는 사실까지 일러바쳤다. 누구한테? 『조선왕조실록』에게. 그러니까 『조선왕조실록』은 단순한 왕조의 일기장이 아니었다. 그래, 당대의 권력자는 왕이었다. 하지만 왕보다 더 높은 자가 있었다. 그것은 역사를 기록하는 사관들의 직필이었다. 어차피 인간은 죽는다. 왕도 죽는다. 왕이여, 역사의 심판을 두려워하라. 이것이 『조선왕조실록』이었다. 조선 민족은 역사의식이 높았다.

1408년 5월 24일 이성계가 죽자 1409년 8월 28일 태종은 하륜을 불러 「태조실록」의 편찬을 명한다. 젊은 사관들이 따지고 나섰다.

"역사서는 3대 후에 작성하는 것 아니오?"

　당대의 경세가 하륜은 반박한다.[32]

"태조의 일을 한때의 사관이 어떻게 다 기록했겠소? 연로한 신하가 죽지 않았을 때 본말을 기록하여야 하오. 문헌文獻의 문文은 사기史記이고, 헌獻은 연로한 사람을 말함이오."

　태조와 함께 풍상을 겪은 노 신료들이 살아 있을 때 그들의 기억을 반영하여 「태조실록」을 작성해야 한다고 하륜은 주장한 것이다. 이듬해인 1410년 1월 10일 「태조실록」 편찬 작업이 시작된다. 이후 조선에서는 선왕이 죽으면 바로 다음 대에 실록을 편찬하는 전통이 자리 잡게 되었다.

　1431년 3월 20일 춘추관에서 「태종실록」의 편찬을 완수했다. 세종은 궁금했다. 「태종실록」을 보고 싶다고 열람 여부를 신하들에게 물었다. 그런데 맹사성이 나서서 반대했다.

"전하가 선대왕의 실록을 보게 되면 후세의 임금이 반드시 이를 본받아서 선대의 실록을 볼 것이며, 그렇게 되면 사관 또한 군왕이 볼 것을 의심하여 사실을 반드시 다 기록하지 않을 것입니다."[33]

　세종은 하는 수 없이 포기했다. 왕도 거역할 수 없는 기록, 그것이 『조선왕조실록』인 것이다.

『조선왕조실록』은 어떻게 만들어졌는가

『조선왕조실록』은 어떻게 편찬되는가? 임금이 죽고 새 임금이 즉위하면 실록청을 만든다. 실록청의 관리들은 선왕의 사료들을 수집한다. 사관이 매일매일 기록한 사초를 포함하여 국왕의 비서실인 승정원의 『승정원일기』와 각 관청의 문서, 개인의 기록을 총망라한다. 방대한 사료를 빠른 시간에 정리해야 하기 때문에 초서로 휘갈겨 쓴다. 이 초벌 원고가 실록의 '초초본初草本'이다.

다음으로 실록의 지휘 책임자들이 초초본에 대한 가감 수정 작업에 들어간다. 그렇게 하여 만들어지는 것이 실록의 '중초본重草本'이다. 빠르게 휘갈겨 쓴 초서체의 중초본은 아무나 읽을 수 없다. 이제 누구나 쉽게 알아볼 수 있는 정서체로 옮겨 적자. 이것이 '정초본正草本'이다.

이제 정초본의 글자를 한 자 한 자 활자로 집어내는 식자 작업에 들어간다. 이 활자판 위에 먹을 바르고 종이를 눌러 인쇄한다. 인쇄된 종이 한 장 한 장을 묶어 책으로 만든다. 이것이 실록이다.

실록을 만든 후 초초본과 중초본과 정초본은 어떻게 처리할까? 불에 태울까? 아니다. 물로 씻는다. 경복궁에서 북쪽으로 가다 보면 맑은 냇물이 홍제동 쪽으로 흐른다. 그 냇가에 세검정이 있다. 세검정 아래 넓은 바위에서 사초의 원고들을 한 장 한 장 냇물로 씻는다. 세초洗草라 한다. 종이를 재활용하는 동시에 실록의 초본이 남을 경우 후일 발생할 수 있는 시비를 막기 위한 것이다.

물에 씻기는 운명을 피한 초본이 있다.「광해군 일기」다. 광해군의 기록은 주인이 폐위된 까닭에 '실록'이라 불리지 못하고 '일기'라 불렸다. 인조반정 이듬해 이괄의 난이 터지는 바람에 초본을 물에 씻을 겨를이 없었다. 살아남은 중초본이 태백산 사고에 들어갔다.

왕이 있는 곳이면 입시하여 왕의 일거수일투족을 기록하는 사관의 임무는 매우 중대했다. 사관은 젊은 선비에게 맡기는 청요직淸要職이었다. 사초를 쓰는 일뿐만 아니라 사초를 비밀리에 보관하는 일이 무엇보다 힘들었다.

실록은 네 곳에 보관되었다. 서울의 춘추관, 충주, 전주, 성주의 사고가 4대 사고였다. 그런데 우리가 영원히 사라질 뻔했던『조선왕조실록』을 이렇게 편하게 열람하기까지는 두 분의 보이지 않는 노고가 있었다. 바로 안의와 손홍록이란 분이다. 임진왜란 당시 전주 사고만 살아남았다. 안의와 손홍록은 전주 사고의 실록을 지게에 지고 정읍의 내장산 깊은 곳으로 옮겼다. 이듬해 7월 춘추관에 넘길 때까지 두 분은 밤낮으로 실록을 지켰다고 한다.

1606년 전주 사고 실록을 다시 인쇄하는 작업을 했고, 강화도의 마니산과 경상도의 태백산, 평안도의 묘향산과 강원도의 오대산에 실록을 분산 적치했다.

"실록의 옛 판본은 그대로 강화에 보관하고 새로 인출한 세 건은 춘추관 및 평안도 묘향산과 경상도 태백산에 나누어 보관합니다. 길일을 이미 가렸으니, 장마 전에 봉안해야 하겠기에 감히 아룁니다."[34]

덕칠이네 집안 이야기

덕칠이는 1401년 경기도 파주현 어유지리에서 김홍길의 장남으로 태어났다. 아버지 김홍길은 대대로 농사를 지으며 살아온 농부의 아들이었다. 말이 농부이지, 제 땅이 없어 세도가의 땅을 부쳐 먹는 작인의 삶은 주인의 온갖 잡일을 거드는 노비의 삶에 비해 별로 나을 것이 없었다. 아버지로부터 들은 이야기에 의하면 덕칠이의 조부님들은 최충헌 무신 정권 이전엔 자작농이었다가 무신 정권이 들어서면서 땅을 빼앗기고 작인으로 생계를 연명해왔다는 것이다. 1년 내내 뼈 빠지게 농사지으면 탈곡하는 들판에서 수확의 절반을 가져가고, 마름의 술 시중하랴, 관아의 아전들에게 뒷돈 대주랴 이것저것 제하고 나면 소출은 30석이지만 남는 것은 10석이었다고 한다. 이것으로 여덟 식구가 1년을 버텨야 하는 것이 작인의 운명이었다.

비가 새는 판잣집에도 해 뜰 날이 있다고 했던가? 위화도에서 말머리를 돌린 이성계가 최영과 한판 씨름 벌일 때만 해도 뭐가 뭔지 몰랐다. 개경에서 공사公私 전적田籍을 불태워버렸다는 소문이 들려왔지만 그게 뭔지 덕칠이 아버지 김홍길은 생판 몰랐다. 1391년에야 세상이 바뀌었음을 실감했다. 그해 가을 세도가의 마름이 오지 않았다. 그 대신 파주현감 휘하의 관리가 왔다. 김홍길이 농사지어

온 땅은 성균학관 황희의 수조지로 편재되었다는 것이다. 중요한 것은 이제 소출의 절반이 아니라 10분의 1만 내면 된다는 것이다. 김홍길에게는 엄청난 소식이었다.

관리는 이성계가 주도하는 과전법 덕분이라고 했다. 과전법에 의하면 전국의 모든 토지는 나라의 땅이라서 국가는 토지의 소유권을 갖고 농민은 경작권을 갖는다고 했다. 이제 모든 농민은 소출의 10분의 1을 바치면 된다. 이것을 조租라고 한다. 조를 국가에 바치면 공전이고 관료에게 바치면 사전이다. 경기도 일대의 땅에 한하여 백관에게 수조권을 주었다는 것이다. 김홍길은 뭐가 뭔지 이해가 되지 않았다. 분명한 것은 이제 소출의 절반이 아니라 10분의 1만 가져간다는 것이다.

그렇게 덕칠이의 아버지가 달라졌다. 매일 술 마시고 신세타령이나 하던 아버지가 달라졌다. 어느 날부터 아버지는 술을 끊었다. 해가 지면 술을 마시던 아버지가 새끼를 꼬기 시작했다. 어머니도 달라졌다. 틈만 나면 어머니는 뽕밭으로 달려갔다. 누에를 치고 누에고치에서 실을 뽑아 비단을 짜면 큰돈이 된다는 것이다. 부모님은 덕칠이에게 아가씨를 얻어주겠다며 콧노래를 부른다.

언젠가 어머니는 그런 변화의 내력을 들려주었다. 과전법인가 뭔가 세상이 달라지면서 이제 일할 맛이 난다는 것이다. 전에는 1년 소출 30석 중에 절반을 지주에게 바쳤지만 이제는 10분의 1인 세 석만 수조권자에게 바치면 된다는 것이었다. 물론 파주 관아의 아전들에게 뒷돈을 주는 것은 여전하다. 하지만 이것저것 떼고도 23석을 손에 쥘 수 있으니, 잘만 하면 덕칠이의 장가 밑천을 마련할 수 있다는 것이다. 어머니는 농사란 알 수 없는 것이라면서 흉년에 대비하여 곡식을 모아놓아야 한다고 하고, 아버지는 농사란 경작지를 늘려야 하는 것이라면서 경작지를 늘리기 위해 소 한 마리는 마련해야 한다고 했다.

1418년 덕칠이도 나이 18세의 장정이 되었다. 그해 가을 덕칠이는 한양으로 요역을 나갔다. 말로만 듣던 한양, 구중궁궐이 있다는 한양 구경을 하게 되다니, 가는 길은 힘들어도 몸은 가벼웠다. 그해 태종대왕은 보위를 충녕에게 넘기고 상왕으로 물러앉았다. 태종대왕은 친인척들에게 호랑이처럼 무서운 왕이었으나 덕칠이 같은 백성들에겐 자상한 왕이었단다. 삼촌 댁에 머물면서 20일 동안 성을 쌓는 일은 그다지 힘들지 않았다. 하루해가 저물면 돌아와 숙모가 차려준 밥상 앞에서 삼촌으로부터 세상 이야기를 듣는 것이 무엇보다 즐거웠다.

삼촌은 덕칠이에게 세상 돌아가는 이야기를 들려주었다. 삼촌은 "살기 좋은 세상이여!"라며 아버지와는 사뭇 다른 이야기를 하셨다.

"덕칠이, 너, 조금 있으면 장가갈 나이가 되었으니 삼촌이 한마디 하마. 사람으로 태어나 사람 구실을 하며 살기가 쉽지 않은 법이란다. 제 한 몸만 편하길 구하여 살 수만 있다면 무슨 고민이 있겠냐? 사람이란 늘 고통당하는 이웃을 돌볼 줄 알아야 한다. 사람 인人 그대로 서로 의지하며 사는 게 사람이거늘, 고래로 식자들이라는 게 말은 번지르르하게 천하위공天下爲公이니 홍익인간弘益人間이니 위민爲民이니 애민愛民이니 떠들면서도 속으로는 제 사익 취하기에 여념이 없어. 우리 같은 농사꾼들이야 하늘의 도움으로 곡식알만 잘 여물면 걱정 없이 살 수 있을 것 같지만 덕칠아, 눈 부릅뜨고 살아야 한단다.

너는 태어나면서부터 과전법이 포고된 세상에서 살게 되었지만 나와 너의 아버지가 젊은 시절 살았던 세상은 참으로 혹독했다. 그 암흑 같은 세상이 또 오지 않으리라는 법은 없지 않겠나, 난 늘 걱정이다."

덕칠이에게 삼촌의 말씀은 무거웠다. 삼촌이 너무 세상을 비관하는 것이 아닌가도 싶었다. 덕칠이는 열심히 노력하면 그만큼의 대가를 받는다고 생각했기 때문이다. 삼촌은 과전법이 태평성대를 가져온 좋은 법이긴 하지만 과전법이 유명무실해질 날이 언제 올지 알 수 없다고 했다. 삼촌은 정치제도란 인간이 만드는 것이지만 그 정치제도를 무너뜨리는 것도 인간이라면서 과전법의 모순을 하나씩 짚어나갔다.

"덕칠아, 너에겐 그렇게 좋아 보이는 과전법도 숱한 모순을 안고 있어. 이 모순을 잘 조절해나가지 못하면 조만간 삼천리 금수강산도 아비규환의 지옥으로 변해. 내가 지금부터 과전법의 모순을 말할 터이니 잘 생각해보거라.

첫째, 과전법은 양반들의 특권을 제도적으로 보장하는 법이야. 나라를 위해 일하는 관료에게 지급하는 것이 녹봉이잖아. 녹봉을 주면 되지 왜 과전을 주느냐 말이야. 사대부에게 염치를 길러주기 위해 생활 안정의 기반을 제공한다고들 말하지. 말이 염치지, 사욕을 챙기기 위한 저들만의 잔치 아닌가? 공자는 말했지. '군자는 먹을 때 배부름을 추구하지 않으며, 거처할 때 편안함을 요구하지 않는다君子食無求飽 居無求安'고. 맹자 역시 안정된 재산恒産이 없어도 안정된 마음恒心을 유지할 수 있는 사람이 군자라고 말하지 않았니? 예의 염치를 기르는 방편으로 과전을 지급해야 할 대상은 단연코 사대부가 아니었어.

30결의 땅을 과전으로 하사받았다고 하자. 소출의 10분의 1을 조로 거두지. 연간 90석을 받아가는 사대부, 이 90석으로 뭘 할까? 30결의 땅을 분급받은 관료가 살림을 경영하는 데 눈을 뜬다면 쓰고 남은 쌀을 어디에 투자하겠는가 말이다. 과전법이 부여한 관료의 특전은 토지의 겸병을 초래하는 물질적 토대가 아닐까?

둘째, 그래, 과전법은 양반 관료의 특권을 보장하는 제도였다는 점에서 '그들의 나라'를 제도적으로 보장하는 법이었어. 덕칠이에겐 덕칠이 집에 토지의 소경권所耕權을 부여한 법이었으니, 하늘이 내려준 동아줄이었지. 하지만 덕칠아, 조선은 '그들의 나라'였고 '절반의 나라'였다는 점을 알아야 한다.

과전법이 땅을 주어서는 안 된다고 못박아버린 집단이 있었어. 땅을 갈아먹고 사는 농업 국가에서 땅을 경작해선 안 된다고 법으로 금지했으니, 굶어 죽으란 소리잖아. 그들은 같은 동포가 아니고, 같은 민족이 아니며, 같은 인간이 아니라고 공포한 셈이지. 무당과 창기가 그들이고, 눈먼 점쟁이와 중이 그들이며, 수공업에 종사하는 장인과 상인이 그들이야. 이들 집단이 인구의 얼마를 점하는지 알 수 없으나 줄잡아 열의 하나라고 해보자.

문제는 종들이었어. 공노비건 사노비건 소경권을 주지 않았다는 것은 무엇을 의미할까? 조선 인구의 3~4할을 차지하는 이들 노비에게 처음부터 경작할 권리를 부정했다면, 그다음 조선 농업의 구조는 뻔하지? 노비를 100구 이상 소유한 자들이 이들 노비를 데리고 무얼 하겠느냐 말이다. 노비를 데리고 농장을 경영할 것은 불을 보듯 뻔하고, 사족들은 녹봉과 과전의 조 말고 농장 경영의 소득까지 거머쥐게 되는 거야.

농민이 갈아야 할 빈 땅을 관아의 공노비에게 개간하게 해서 사취하는 것은 그렇다 치자. 적당한 값을 치르고 소경권을 사들이는 것도 그렇다 치자. 남의 땅을 빼앗는 데 혈안이 된 사람들은 흉년을 기다린다. 흉년 이 되면 농민들이 제 발로 걸어와 땅문서를 헐값에 넘기지 않겠니? 흉년 은 탈취를 정당화해주지."

덕칠이는 삼촌의 이야기를 듣고 그동안 자신이 얼마나 우물 안 의 개구리였는지 뼈저리게 느꼈다. 한편 삼촌의 넓은 식견과 깊은 안목이 부럽기도 했고 존경스럽기도 했다. 삼촌은 밤이 깊도록 조 카에게 궁정의 이야기를 들려주었다. 양반 관료들은 자신의 녹봉 과 과전을 다 가져가는 반면 왜구의 침입에 대비하여 비축해두어야 할 군사 비용은 고갈되어가고 있다는 것, 조세를 배로 나르는 과정 에서 풍랑에 휩싸여 죽는 사고가 해마다 발생하고 있다는 것, 과전 의 조를 규정대로 거두지 않고 마초와 땔나무까지 걷어가고 있다는 것, 조를 걷는 자가 조를 바치는 백성에게 술과 밥까지 대접받는다 는 것, 과부에게 주는 수신전守信田과 고아에게 주는 휼양전恤養田이 있는 한, 과전의 세습은 불가피하다는 것 등등 삼촌의 세상 이야기 는 끝이 없었다.

3부

훈구와 사림

———————— 퇴계가 위대한 것은 나아감과 물러섬, 출사와 처사에서 보여준 그의 무욕과 자유로움 때문이 아닐까? 그는 남들이 싫어하는 외직을 자청하여 단성 군수, 풍기 군수를 선택한다. 형조참의를 거부하고 은일로 내려가는 것이다. 조선 500년 왕조사에서 참으로 기이한 선비가 나온 것이다. 새장의 안과 밖을 제집 드나들듯 자유롭게 드나든 퇴계 이황. 난진이퇴難進易退, 나아감은 어렵게 하고 물러섬은 쉽게 함으로써 조선 선비의 품격을 한껏 높인 선비였다.

"8일 아침에는 매화에 물을 주라고 하셨다. 이날은 개었는데 갑자기 흰 구름이 지붕 위에 모이고 눈이 내려 한 치쯤 쌓였다. 조금 있다가 선생이 자리를 똑바로 하라고 명하므로 부축하여 일으키자 앉아서 돌아가셨다. 그러자 구름은 흩어지고 눈이 개었다."*

* 금장태, 『퇴계평전』 중에서

❶

공신과 개혁 세력

왜 세조일까

태조나 세조는 왕조를 창업한 군주에게 붙여지는 묘호다. 명나라를 세운 주원장朱元璋이 태조이고, 고려 왕건과 조선 이성계의 묘호가 태조다. 세조는 어떠한가. 『삼국지』에 등장하는 중국 삼국시대의 위나라 제1대 황제를 세조라 했고, 원나라 제1대 황제 쿠빌라이를 세조라 칭했다. 그런데 조선의 세조는 일곱 번째 왕이다. 뭐지?

세종의 아들 세조는 왕자 시절 수양대군이라 불렸다. 수양대군은 세종의 둘째 아들이다. 문과 무를 겸비한 대군이었다. 아버지를 돕기 위해 정사에도 관여했고 석가의 일대기를 훈민정음으로 작성했다. 바로 『석보상절』이다.

이후 문종이 죽고 단종이 열두 살의 나이로 즉위했다. 단종은 수양의 조카다. 어린 왕이 즉위하자 권력은 김종서와 황보인의 수중에 떨어졌다. 왕족들은 반발했다. 이게 뭐냐? 1453년(단종 1년) 수양이 김종서와 황보인을 살해하고 권력을 잡았다. 계유정난이다. 2년 후인 1455년 수양은 왕위에 올랐다. 계유정난은 실추된 왕권을 일거에 회복한 사건이었다. 그래서 새로운 왕조를 창업한 것에 버금간다고 하여 수양의 묘호를 세조라 했다.

세조는 조선의 기틀을 재정비했다. 『경국대전』의 초안을 작성했다. 예종과 성종대에 수정과 보완을 거쳐 1485년(성종 16년)『경국대전』을 반포했다. 조선 개국 82년 만에 나라의 근간이 마련된 것이다.

계유정난의 공신

세조에서 성종에 이르는 시기는 조선의 기틀이 재정비되는 시기였지만 훈구파라는 기득권층이 형성된 시기이기도 했다. '훈구勳舊'란 공훈功勳을 세운 구신舊臣들, 즉 계유정난의 공신들을 가리킨다. 조선이 개국된 이후 몇 차례 공신 책봉이 있었다. 태조를 도와 조선 개국에 힘쓴 신료들과 태종을 도와 '왕자의 난'에 적극 가담한 이들에게 공신 책봉을 했다.[1]

그런데 계유정난 공신은 좀 달랐다. 개국 초기엔 새로운 나라를 만든다는 열의가 있었다. 계유정난은 조선 개국 60년 후의 사건이었다. 새로운 국가를 창출하겠다는 열의나 긴장감이 없었다. 그들은 개혁보다 기득권 유지에 더 많은 신경을 썼다. 그리고 권력을 남용했다. 세조 때

홍윤성은 고향인 홍산에 농장을 설치하여 물의를 일으켰다. 성종 때는 손익손이 전라도 고부 농장에서 500여 호의 노비 가족을 부리다가 고 발당했다.

훈구 세력은 과전법에 따른 과전도 받고 공신 책봉에 따른 공신전도 받았다. 과전은 본인에게 지급하는 것이기 때문에 본인이 사망하면 국가에 반납하는 것이 원칙이었다. 그러나 과전이 세습되었다. 과전이 세습되자 신진 관료들에게 지급할 토지가 부족해졌다. 그래서 세조는 1466년 과전법을 폐지하고 직전법職田法을 실시했다. 현직 관료에게만 토지를 지급했던 것이다. 토지 부족은 해소되지 않았다. 직전법조차 유명무실해지면서 명종 때 폐지되었다. 토지가 지급되지 않자 관료들은 황무지를 개간하거나 토지를 매입하여 농장을 확대했다.

조선왕조의 창업자들은 자영농에 기초한 사회를 만들고자 했다. 세조 때만 해도 백성의 10분의 7이 자영농이었다. 농가가 소유한 토지는 호당 평균 2~3결 정도였다. 그러나 조선 개국 100년 후 상황은 달라졌다. 훈구 대신들이 농장을 확장하면서 토지를 잃은 농민들이 속출했다. 토지를 잃은 농민은 유랑민이 되었고 세력가의 노비로 전락했다. 도적이 되거나 반란을 일으켰다. 임꺽정의 난이 대표적이다. 임꺽정은 유랑민과 노비를 규합하여 황해도 구월산에서 난을 일으켰다. 임꺽정 일당은 백성의 지지를 받았기 때문에 조선 조정은 난을 진압하기까지 3년이나 걸렸다.

상소

|

　　1478년(성종 9년) 4월 8일 이심원이 상소문을 올렸다. 이심
원은 왕족이었다. 무슨 일인가? "양민과 공노비가 요역을 견디지 못하
고 도망쳐 숨어 산다. 대대로 내려온 땅과 집을 보존하지 못하고 권문
權門에게 의탁한다." 양민의 땅과 집이 훈구 대신의 손아귀에 들어가고
있다는 것이다. 이심원은 훈구파의 권력 남용을 경계하라고 상소한 것
이다.

　　성종은 이심원을 불렀다. 성종은 "훈신들을 버리면 누구를 써야 하는
가?"라고 물었다. 이심원은 답했다. "숨어 있는 영웅호걸이 무궁무진
합니다. 어찌 쓸 만한 사람이 없겠습니까?" 이심원은 정여창과 강응정
을 추천했다.

　　이심원은 세종의 형인 효령대군의 증손자였다. 그는 훈구 대신들이
정사를 좌지우지하는 것을 못마땅해했다. 열세 살에 즉위한 성종은 스
무 살에 정희왕후의 섭정에서 벗어나 친정을 시작했지만 훈구 대신들
의 영향력은 막강했다. 훈구 대신들은 모두 할아버지 세조의 신료들이
었다.

　　이런 상황에서 이심원은 추락한 왕권에 불만을 품은 것이다. 훈구 대
신들을 견제하는 차원에서 신진 세력을 기용하자고 제시한 것이다. 이
심원이 추천한 정여창, 강응정 등 신진 세력은 '사림士林'이라 불렸다.
사림이란 본래 공부한 자, 즉 지식인을 뜻한다. 이심원이 상소를 올리
고 1년 후 성종은 김종직을 홍문관 응교로 발탁했다. 김종직은 길재의

학맥을 이은 사림의 영수였다. 길재는 조선 개국에 동참하는 것을 끝까지 거부하고 은일隱逸했다. 김종직이 홍문관 응교를 거쳐 직제학을 맡자 그의 제자들 상당수가 중앙 정계에 진출했다. 성종은 이들을 주로 홍문관에 배치했다. 사림파가 형성되었다. 홍문관은 관료들에 대한 탄핵을 담당하는 부서였다. 사림파는 수적으로 열세였으나 훈구 세력의 비리를 따져 물었다.

도학 정치

김종직 가문은 경북 선산을 중심으로 토지와 노비 100여 구의 재산을 소유했다. 정여창 가문은 경남 함양을 중심으로 전답과 수백 구의 노비를 소유했다. 사림파는 수차례 사화를 통해 중앙 정계에서 쫓겨났으나 그때마다 재기했다. 나름의 경제적 기반이 있었기에 가능한 일이었다. 그런데 훈구파가 지방에까지 농장을 확대하자 갈등이 불거졌다. 심지어 훈구파가 사림파의 노비를 빼앗는 일도 있었다. 김종직의 제자들이 중앙 정계에 진출하자 사림파와 훈구파는 정치적으로 충돌했다. 사림파는 여지없이 훈구파의 비리를 폭로하고 그들의 권력 남용을 고발했다.

조선의 창업자들은 민본 사상을 추구했다. 고려 말의 위기를 극복하려면 지배층의 권력을 제한하고 백성의 삶을 안정시켜야 했다. 조선을 개국한 지 두 세대가 지나자 조선의 지배층 역시 타성에 젖었다. 상호

견제와 자기 정정의 시스템이 점차 허물어졌다. 쇄신과 갱장이 필요한 시기였다. 새로운 개혁 세력이 나와야 했다. 사림파의 출현은 시대의 요청이었다.

사림파는 조선의 창업자들과 이념적 계보가 달랐다. 그들은 정몽주와 길재를 스승으로 삼았다. 정몽주는 선죽교에서 피살된 인물이고 길재는 새 왕조에 참여하는 것을 끝까지 거부하고 은거한 인물이었다. 출발부터 사림파는 조선에 대해 비판적이었다. 물론 그들 역시 성리학에 기초한 민본 사상을 추구하는 집단이었다. 하지만 그들은 훈구파와 달리 매우 이상적이었고 원칙적이었다. 그들은 군주와 백성 모두가 도道에 따라 행동하는 이상 사회를 실현하고자 했다. 도학 정치다.

도학 정치는 군주의 자기 수양을 출발점으로 한다. 먼저 군주가 학문에 힘쓰고 자기를 수양하면서 덕치를 실천한다. 군주가 덕을 쌓고 실천하면 백성은 자연히 감복을 받아 교화된다. 군주는 권력의 남용을 절제한다. 군주는 신하를 예우하고 신하는 군주에게 충심을 바친다. 군주와 신하는 서로 믿고 협의하면서 도학 정치를 편다. 신하는 군주를 보필하면서 조정의 공론을 모아 군주에게 건의한다. 이런 도학 정치의 견지에서 보면 훈구파의 전횡은 신하의 도리를 저버리는 것이다. 위로는 군주의 덕치를 방해하는 것이고 아래로는 백성의 교화를 포기하는 것이다.

사화

훈구파와 사림파의 갈등은 네 차례에 걸친 사화士禍로 나타났다. 연산군 4년에 일어난 무오사화(1498년)는 김종직의 제자들을 겨냥한 사화였다. 김일손이 죽고 정여창과 김굉필은 유배를 간다. 모두 김종직의 제자들이다. 연산군 10년에 일어난 갑자사화(1504년)도 마찬가지였다. 연산군의 칼끝은 김굉필 등 사림파를 겨냥했다.

이어 중종 때 터진 기묘사화(1519년)도 훈구파와 사림파의 정면충돌이었다. 조광조의 개혁에 밀린 훈구파가 일대 반격에 나선 것이다. 명종 즉위년의 을사사화(1545년)는 좀 달랐다. 을사사화는 왕실의 외척인 윤임과 윤원형의 권력투쟁으로 인해 일어났다. 고래 싸움에 새우등 터진다고 사림들이 윤임파와 윤원형파의 싸움에 연루되어 피를 흘렸다.

네 차례의 사화로 사림은 큰 타격을 입었다. 선비의 사기가 땅에 뚝 떨어졌다. 하지만 사림은 끊임없이 제자를 길러냈다. 퇴계의 물러섬과 도산서원은 다 제자를 육성하여 훗날을 기약하려는 전략 하에 선택된 길이었다. 사림은 꾸준히 중앙 정계로 진출했다. 마침내 사림이 정치를 주도한다. 선조의 시기 경복궁은 퇴계의 제자들로 가득 찼다.

선비, 그 미편한 진실

나침반과 사서오경

1492년, 태조 이성계가 조선왕조를 개창한 지 만 100년이
되던 해, 도요토미 히데요시豊臣秀吉가 20만 대군을 이끌고 조선을 침공
했던 1592년보다 딱 100년 앞선 해 인류의 세계사는 작지만 거대한 의
미를 갖는 하나의 사건을 목격한다. 콜럼버스가 신대륙을 발견한 것이
다. 콜럼버스는 죽을 때까지 자기가 발견한 신대륙이 인도라고 생각했
다. 정작 배를 타고 인도에 기착한 이는 바스쿠 다 가마Vasco da Gama였
다. 1497년 바스쿠 다 가마는 아프리카의 최남단 희망봉을 돌아 인도
에 도착했다. 신대륙에 아메리카라는 이름을 붙여준 이는 아메리고 베
스푸치Amerigo Vespucci였다. 1500년 아메리고 베스푸치는 남아메리카대
륙을 항해하고는 자신의 이름에 따라 이 대륙을 아메리카라고 불렀다.
1519년 240명의 마젤란 일행이 스페인에서 다섯 척의 배에 승선했

다. 일행은 1520년 1월 남아메리카를 돌아 태평양으로 가는 통로를 찾았다. 그들은 망망대해를 뚫고 1521년 4월 7일 마침내 필리핀에 도착했다. 마젤란Ferdinand Magellan은 필리핀에서 전사했고 그의 일행은 1522년 9월 6일 스페인으로 돌아왔다. 만 3년에 걸친 세계 일주 항해였다. 살아 돌아온 자는 18명이었다.

콜럼버스가 탐험을 감행한 목적은 황금과 향료에 있었다. 스페인의 이사벨 여왕과의 계약에서도 알 수 있듯이 항해의 가장 중요한 목적은 부의 축적이었다. 콜럼버스와 그의 부하들은 원주민들을 노예로 삼았다. 수백 명이 유럽으로 팔려갔고 다수는 그 과정에서 죽어갔다. 인디언들에게 금을 가져오게 했고 할당량을 채우지 못하면 수족을 잘랐다. 25만 명에 달하던 타이노 원주민의 수는 2년 만에 절반으로 줄어들었다. 콜럼버스의 신대륙 발견 이후 60년 만에 타이노 원주민은 수백 명만 남았고 100년이 더 흐른 뒤에는 손에 꼽을 인구만이 남았다.

만일 태평양과 대서양 사이에 아메리카대륙이 없었다면 콜럼버스의 항해는 어떻게 되었을까? 산타마리아 호는 산살바도르 대신 일본의 규슈 섬이나 제주도에 도착했을 것이다. 스페인 사람과 조선 사람의 조우, 흥미로운 사건일 것이다. 콜럼버스가 인디언과 조우하고 160년이 지난 후 네덜란드 청년 하멜Hendrik Hamel이 제주도에 기착한다. 1653년의 일이다.

천원지방天圓地方이라. 하늘은 둥글고 땅은 네모지다는 생각이 동아시아 지식인들의 머리를 3000년 동안 지배했다. 홍대용의 지구자전설이 나오기 전까지 조선의 선비들은 천문학에 있어서 중세적 사유에서 벗어나지 못했다. 천원지방, 좋다. 하늘은 둥글고 땅은 네모지며 그 땅의 중심이 중국이란다. 중국이 지구의 중심이라고 하자. 그것도 좋다. 조선의 사대부들은 어려서부터 사서오경의 암송에 파묻혀 살았다. 『시경』『서경書經』『역경易經』『예기禮記』『춘추春秋』를 달달달 암기하는 것까지도 나는 좋다고 본다. 고전을 건성으로 훑는 것보다야 텍스트를 암송하는 것이 훨씬 낫다.

문제는 과거 시험이었다. 서양의 젊은이들이 신세계를 찾아 목숨 걸고 모험에 나설 때 조선의 젊은이들은 모든 열정을 시험공부에 바쳤다. 세종대의 젊은이들도 그랬고, 성종대의 젊은이들도 그랬다. 젊은이의 일부가 시험공부에 젊음을 걸었다면 그것도 괜찮은 일이라고 보아줄 수 있다. 서구 세계에서는 젊은이의 일부가 대학에 가서 공부하고 성직자의 길을 갔다면, 조선에서는 예외 없이 모든 젊은이가 과거에 목숨을 걸었다. 똑같은 책, 누가 읽어도 똑같이 해석되는 책을 암송하는 것이 공부의 모든 것이었다.

도전하는 젊은이가 없는 나라는 정체될 수밖에 없다. 정몽주가 공부한 사서오경과 정약용이 공부한 사서오경 사이에 무슨 진보가 있었던가? 공자가 나라를 망친 것이 아니다. 사서오경이 나라를 망친 것이 아니다. 과거 시험이 나라를 망친 것이다. 합격과 더불어 출세의 길이 보장된 시험, 일체의 비판적 사유를 허용하지 않는 시험, 이런 시험이 500년 동안 젊은이의 상상력과 창의력을 빨아먹었다니 생각만 해도 소름이 끼치지 않는가?

서양의 젊은이들은 나침반 하나를 들고 망망대해를 헤쳐 갔다. 조선의 젊은이들은 새벽이면 일어나 의관을 정제하고 책 앞에 앉았다. 목소리도 낭랑하게 열 번 백 번 같은 문장을 암송했다. 좋은 문장을 암송하는 것은 비판적 사유의 토대가 될 수 있고, 훌륭한 시문을 작문하는 저력이 될 수 있음을 부인하지 않는다. 중요한 것은 공부의 목적이었다. 가문을 빛내겠다는 지독히도 이기적이고 맹목적인 대의명분 앞에 조선의 청소년들은 무릎을 꿇었다.

서양의 젊은이들은 우상 타파에 용감했다. 코페르니쿠스는 프톨레마이오스를 타파했고, 갈릴레이는 아리스토텔레스를 타파했으며, 데카르트는 유클리드를 타파했다.

선비의 학구열

성종 때 성현이란 선비가 있었다. 예조판서를 지냈고 『악학궤범樂學軌範』을 편찬했다.[2] 음악가였던가? 아니다. 성현은 23세의 나이로 문과에 급제한 천재형 인물이었다. 사실 성현의 진면목은 당대의 풍속과 제도, 인물에 대해 모든 것을 정리한 『용재총화』에서 찾을 수 있다. 성현은 기질이 호방하고 유머 감각이 뛰어난 인물이었다. 『용재총화』 서문에서 성현은 자신의 책을 심심풀이 땅콩으로 읽으라면서 그 어느 책도 따라올 수 없을 만큼 생생한 문필로 조선시대를 그려놓았다.

흥미로운 것은 1498년에 그가 광주 향교鄕校의 운영에 대해 기록한 내용이다. 향교는 국가에서 운영하는 공립학교다. 우리는 이 보고서를 접하면서 조선의 지방 공립학교 규모와 불타는 학구열을 짐작할 수 있다.

학교는 예전엔 성안에 있었는데 좋은 지세를 찾아 성의 서쪽 2리 밖에 새 학교를 지었다. 서민들이 다함께 모여, 아버지의 일을 아들이 따르듯, 문을 연 지 몇 개월도 넘지 않아 준공하게 되었다. 먼저 성인(공자)의 거소를 짓고 다섯 분의 성현과 10분의 철인을 모셨으며 동서로 넓은 거처를 만들어 역대의 제현 70분을 모셨다. 앞에는 명륜당明倫堂을 설치하여 강학의 공간으로 삼았고, 동쪽과 서쪽에 조그만 방을 두었는데 동쪽 방은 교관이 쉬는 곳이고 서쪽 방은 이름 하여 사마재司馬齋라 했다.
학교에는 학업을 연마하는 별도의 기숙사가 있다. 동쪽과 서쪽의 방은 공부하는 유생들의 거처다. 서쪽 방 뒤편에 교관 전용 방이 있어 여기에서 휴식을 취하고 피로를 푼다. 선생과 학생이 거처하려면 집과 창고, 부엌이 있어야 한다. 해당 처소가 무려 60여 칸이다.
향교 앞에는 여러 도랑의 민전이 있는데 현감이 출자하여 구입한 것이다. 더러는 논으로 사용하고 더러는 채마밭으로 사용하며 더러는 종들의 집으로 사용한다. 옛 학교의 터는 모두 새 학교에 속하여 밭으로 사용한다. 또 민전을 매입하여 그중 반은 학교에 속하고 반은 사마재에 속한다. 또 면포 100필과 조곡 100석, 황두 20석은 학생들의 용도로 충당하고 또 면포 20필과 조곡 20석은 기숙사의 용도로 충당된다.

사서오경과 제자백가의 서적을 비치하고 거듭 익히면서 연구하고 살핀다. 감사 이숙함과 도사 정군탁은 학교의 기풍을 아름답게 이끌고 있다. 학교 밖에 나갈 때엔 면포 30여 필과 조곡 70여 석으로 그 비용을 돕는다. 이러하니 공부하는 풍속이 크게 일고 있다.[3]

과거 시험을 치르기 위해 학업에 열중하는 학생들의 면학 분위기가 느껴진다. 무엇보다도 자녀의 학업을 위해 물심양면 노고를 아끼지 않았을 학부모들의 열성이 피부에 다가온다. 새 학교를 짓기 위해 장삼이사 가리지 않고 모두 팔을 걷어붙이고 일하는 모습이 선연하다. 몇 달 걸리지 않고 준공하게 되었단다. 힘깨나 쓰는 양반집 자제들은 그들만의 공부방, 즉 서원에서 그들만의 선생을 모시고 공부한다. 서원이 사립학교라면 향교는 공립학교다. 누가 운영비를 대는가? 광주 현감이 출자한 민전의 수익으로 향교를 운영하고 있으니, 광주 향교는 요샛말로 시립학교인 셈이다.

그런데 옛 이야기를 듣다 보면 화폐 가치를 알 수가 없어 늘 골치다. 이 참에 뿌리를 뽑자. 옛날에는 화폐가 잘 유통되지 않았다. 상평통보가 유통된 것은 조선 후기 숙종 때의 일이다. 태종 때 종이돈인 저화를 발행하여 유통시키고자 했으나 실패했다. 조선 전기의 유통은 주로 현물 거래에 의존했고, 쌀과 면포가 주요한 지불 수단이었다. 광주 향교에서 면포 100필과 조곡[4] 100석 그리고 황두 20석을 학생들의 용도로 충당했다는데, 무슨 소린지 모르겠다. 분명히 해두자.

쌀 한 가마니가 면포 두 필 반에 교환되었다. 물론 이것은 평균치이고, 작황에 따라 교환 비율은 달라진다. 쌀 한 가마니가 다섯 냥이라면 면포 한 필의 값은 두 냥이라는 이야기다. 만일 오늘의 물가로 환산하여 한 냥이 어림잡아 10만 원이라면 쌀 한 가마니의 값은 50만 원, 베 한 필의 값은 20만 원이라고 보면 된다. 물론 옛날엔 물자가 귀했기 때문에 쌀 한 가마니의 가치는 50만 원보다 훨씬 무거웠다고 보아야 한다.

자, 그러면 성현 선생이 출제한 문제를 풀어보자. 면포 100필에 조곡 100석에 황두 20석이면 학생에게 소요되는 비용은 모두 얼마일까? 면포 한 필이 20만 원이므로 면포 100필은 2000만 원이요, 조곡 한 석이 50만 원이니 조곡 100석은 5000만 원이요, 노란 콩 황두의 한 석 값이 70만 원이라고 잡으면 황두 20석은 1400만 원이라. 도합 8400만 원이 학생들을 위한 비용으로 책정되었다. 우와 많다. 향교의 전체 학생 수가 50명이었다고 치면 1인당 160여만 원의 장학금이 지급되었던 것이다.

내친김에 조선시대의 물가를 더 공부해보자. 노비의 몸값은 200냥이었다. 웃기는 것은 말 한 필의 값이 종의 몸값보다 더 나갔다는 점이다. 말 한 필의 값이 300~400냥이었다는 이 현실을 우리는 어떻게 이해해야 할까? 상품의 가격이 상품 생산에 소요되는 비용에 의해 결정된다고 가정할 경우 새끼 말 한 필을 키우고 조련하는 비용이 종 한 명을 낳고 일꾼으로 키우는 비용보다 더 많이 들어간다는 의미다. 고대 그리스에서도 말 한 필이 노예 네 명분의 값으로 매매되었다.

성현의 촌철살인

성현과 함께 『용재총화』라는 마법의 양탄자를 타고 15세기 조선 사회로 들어가 보자.

예종이 죽고, 예종의 둘째 아들 제안대군이 보위에 올라야 했으나 세조의 손자 성종이 보위에 올랐다. 『용재총화』의 기록에 의하면 제안대군이 좀 부족했나 보다. "음식과 남녀는 인간의 큰 욕망인데, 제안대군은 아름다운 아내를 두고서도 끝내 부인과 마주 앉지 않았다"고 한다. 김뉴에게도 제안대군과 비슷한 외아들이 있었나 보다. 혼사를 치렀으나 남녀 간의 밤일을 몰랐단다. 프랑스의 루이 16세가 그랬지. 김뉴는 후사가 끊어질까 염려해 방사에 능한 여자를 통해 운우지정雲雨之情을 가르쳐주고자 했다. 그러나 아들은 이후 곱게 화장한 여자만 보면 울면서 달아났다고 한다. 심심풀이 땅콩 같은 이야기다.

한데 나름 곱씹어 읽어야 할 대목도 많다. 성현은 한양의 성균관에 대해서도 소중한 정보를 준다. 광주 현감이 향교의 운영비를 대주듯 성종은 베 500여 필과 쌀 300여 석을 내리고 학전學田을 하사해 성균관의 필요에 대비하게 했다. 베 500필이면 1억 원이요, 쌀 300석이면 1억 5000만 원이니 도합 2억 5000만 원이다. 학생 수가 200명이니 1인당 120여만 원의 장학금이 지급된 것이다.

> 성균관의 선생들은 자기 스승에게 배운 것을 입으로 따라 읊기만 할 뿐 문리文理를 몰랐다. 자기 견해만을 고집하며 완고해 통하지 않았다.[5]

성현의 촌철살인이다. 지금도 판서만 하고 설명할 줄 모르는 선생이 없지 않을 것이다. 설명은 해도 역사적 맥락을 모르고 주입만 강요하는 선생이 없지 않을 것이다. 역사적 맥락을 전달해도 자신의 머리로 생각한 독자적 견해를 아이들에게 말하는 선생은 거의 찾기 힘들 것이다. 워낙 잡무가 많아서 그런다지만, 교사가 1년에 교양도서 한두 권도 읽지 않는다는 것은 부끄러운 일이다. 책을 읽지 않는 교사가 어떻게 고결한 깨달음의 즐거움을 아이들에게 전할까? 자신의 정신세계를 부단히 확장하고 심화시키지 않으니, 느는 것이 지적 게으름이요, 피우는 것이 고집이다.

사회를 보는 성현의 눈썰미도 예사롭지 않다. 세조의 계유정난을 도와 임금의 총애를 입고 고속 출세한 홍윤성이란 인물이 있었다. 딱 걸렸다. 성현은 적는다.

종들이 물건을 지고 윤성의 집으로 나르니 짐 실은 말이 대문 밖에 줄을 섰고, 솥을 들고 늘어선 이가 만 명을 헤아렸다. 이름난 선비들을 초청해 연회를 베풀지 않은 날이 없었다. 음식은 호화로웠고, 음악 소리는 밤낮으로 그치지 않았다.[6]

홍윤성이야 시정잡배요, 졸부라 치자. 왕권을 이용해 거부를 긁어모은 것은 명백히 부정축재렷다. 그런데 이자가 베푸는 깨끗하지 못한 자리에 초청을 받고 가서 흥청망청 놀다 오는 인사들은 누구냐? 명분은 선비들끼리 바람을 노래하고 달을 희롱하는 것이라지만, 이거, 고관대

작들에게 작업이 들어간 것 아니냐? 그러니까 재벌 총수와 언론사 대표가 검찰과 국세청 간부들에게 떡값 보낸 것만 욕할 게 아니었다.

공부를 좋아하고 글쓰기 좋아하고 거문고 타길 좋아하는 것은 얼마나 깨끗한 선비의 취미였던가? 그런데 성현의 보고서를 읽노라면 부아가 치민다.

> 김뉴는 학문을 좋아하고 글씨를 잘 썼으며 거문고도 잘 탔다. 어린 나이에 과거에 급제해 고관대작들과 어울렸다. 김뉴는 잔치하기를 좋아했다. 북한강 가에 서재를 짓고 성균관 북쪽 골짜기에 쌍계당을 짓고선 봄이면 친구들을 불러 시를 짓고 흥겹게 술을 마시면서 유유자적했다.[7]

저들의 손으로 서재를 짓고 저들의 힘으로 쌍계당을 지어 봄 여름 가을 겨울 사시사철 매화 피는 날 모이고, 난 피는 날 모이고, 국화 피는 날 모이고, 첫눈 내리는 날 모여 술 한잔에 시를 읊는 것, 얼마나 격조 높은 사건인가?

성현의 보고서에 의하면 그 시절의 선조들도 먹는 것에 목숨을 걸었나 보다. "우리나라 사람은 많이 먹고 마시는데, 만약 한 끼라도 놓치면 고픈 배를 어찌할 줄 모른다."[8] 문제는 그다음이다. 사대부라는 족속들은 만나면 술판을 벌인다. 술판을 벌이는 것까지는 괜찮다. 술상은 누가 차리나? 안주를 노비들에게 맡기는 것까지도 괜찮다. 때리긴 왜 때리느냐 말이다. "종들을 괴롭혀 성찬을 차리게 하고선 조금이라도 어긋나면 반드시 매질을 가한다."

　그래도 성현은 양심 있는 양반이었던 것 같다. 자신의 호화를 불편해
한다.

　가난하고 검소한 선비가 부지런히 독서해도 한 자리 차지하지 못하
고 죽는 일이 많다. 그런데 나는 젊은 나이에 급제해 벼슬이 육경에
이르고, 밤낮으로 노래하며 연주하는 속에 살고 있으니 어찌 이렇듯
홀로 태평 시대의 즐거움을 누리는가!⁹

　그럼 다음 문장을 보자.

　우리나라는 노비가 절반을 차지한다. 그래서 큰 고을이라도 군졸이
매우 적다.¹⁰

　이 한 문장이 성종의 태평성대, 그 허와 실을 증거한다. 조선 사대부
들의 우아한 삶은 종들의 피와 땀에 의존한 것이었다. 새벽부터 밤까지.

선비의 미편한 진실

　　　분명 조선의 선비들은 인류의 문화가 도달할 수 있는 최선의
경지에 도달했다. 아담한 사랑채, 조그만 탁자 앞에 앉아 고서를 읽고,

먹을 갈아 붓으로 난을 치고, 시심이 일면 율시(律詩) 한 편을 휘갈긴다. 시가 편지이고 일기가 시였다. 조선의 선비들은 모두가 철인이었고, 시인이었으며, 화가였다.

구름 낀 바위 옆에 사는 것은
그저 성품이 게으르기 때문
숲에 앉아 산새로 벗을 삼고
시냇가에서 물고기와 짝한다네.
한가하면 화단에 비질을 하고
때때로 호미 들고 약초밭을 맨다네.
그밖에 도무지 일이 없으니
차 마시고 옛 책을 읽을 뿐이라.[11]

그러나 우리는 조선 선비들의 삶에는 미편한 진실 하나가 있음을 고백해야 한다. 플라톤과 아리스토텔레스의 철학이 노예 노동과 무관하지 않았듯이 조선 선비의 단아한 삶 역시 노비 노동과 무관하지 않았음을 우리는 솔직하게 말해야 한다.

양반 사대부에는 크게 네 가지 부류가 있었다. 과거에 급제하여 관직에 진출한 사대부를 첫째 부류라고 하자. 이들 중에는 나라가 내려준 녹봉만으로 생활하면서 일체의 뇌물을 받지 않고 별도의 재산을 불리는 데도 관심이 없는 사대부가 있었다. 이른바 청백리다. 황희와 맹사성이 바로 그들이다. 다음으로 관직도 빵빵하고 농장도 경영하는 욕심

많은 사대부가 있었다. 세조의 계유정난에 동참하여 공신이 된 신숙주와 한명회 그리고 홍윤성이 그들이다. 다음으로 과거에 급제하지 못하여 출사에는 실패했으나 조상이 물려준 전답을 잘 경영하여 큰 농장을 운영하는 부지런한 사대부가 있었다. 이황의 아들이 여기에 해당한다. 이들을 셋째 부류라 하자. 다음으로 관직도 없고 농장도 없는 사대부가 있었다. 이른바 몰락 양반이다. 정약용의 아들들이 여기에 해당할 것이다.

문제는 농장이었다.[12] 100결의 농장은 30만 평 규모로 경복궁 면적의 세 배에 달했다. 이런 거대한 농장을 무슨 힘으로 경작한단 말인가? 바로 노비였다. 1결의 전답을 노비 한 명에게 맡길 경우 이 농장주는 100명의 노비를 필요로 한다. 그뿐인가? 사대부의 일거수일투족이 모두 노비의 수발에 의해 이루어졌으니, 대감 집마다 최소 20~30명의 노비를 부렸을 것이다. 16세기 조선에 농장 100결, 노비 100구를 소유한 사대부들이 1000명 있었다면 이들이 장악한 노비만도 10만 구가 되는 셈이다. 페스트라이쉬가 극찬한 조선 선비, 그 선비의 주류는 이 정도의 땅과 노비를 장악한 지배계급이었다.[13]

조선 최초의 서원인 백운동 서원으로 유명한 주세붕이 이현보의 집을 방문했다. 1544년 중종 때의 일이다.

공이 문밖에 나와 맞이했다. 함께 바둑을 두었다. 밥을 먹은 후 술을 내놓았다. 큰 계집종이 거문고를 탔고, 작은 계집종이 아쟁을 탔다. 종들은 '귀거래사歸去來辭'와 '귀전부歸田賦', '장진주將進酒'와 '행화비렴산

여춘_{杏花飛簾散餘春}'을 노래했다. 공의 아들은 대성인데, 아버지의 장수를 비는 노래를 불렀다. 나와 대성이 일어나 춤을 추었다.[14]

얼마나 격조 높은 만남인가? 거문고에 아쟁을 타면서 노래하고 춤추는 선비들의 삶은 오늘의 졸부들이 흉내 낼 수 없다. 「면앙정가」의 작자 송순과 유희춘의 만남도 그랬다. 유희춘이 송순의 집을 방문했다. 송순은 술을 내놓고는 여종을 불러 자신이 직접 지은 시를 노래하게 했다. 여종은 유희춘의 시를 해득하고 노래를 불렀다. 대단하다.

유희춘은 여종의 노래 솜씨를 높이 평가했다. 유희춘은 100구 정도의 종을 거느리는 사대부였으나 유감스럽게도 음악을 할 줄 아는 노비가 없었다. 생일잔치 때는 이웃집의 여종을 불러 악기를 타게 했단다. 이렇게 잔치판의 여종들은 말이 종이지, 예술인이었다. 사대부로부터 적잖은 보수도 받고 사랑도 받았을 것이다. 하지만 일반적으로 종은 사대부들의 수족手足이었다.

종은 닭이 울면 일어나 머리를 묶고 옷을 입는다. 남자 종은 뜰을 청소하고 여자 종은 당실을 청소하며 주인의 세수를 준비한다. 상전이 일어나면 좌우에 서서 명령을 기다린다. 상전이 외출하면 종은 말 모는 마부가 되고 가마를 지는 교부轎夫가 된다. 주인 아가씨가 가마를 타면 여종은 가마 뒤를 따라간다. 남자 종은 산에 가서 땔나무를 해오고, 여자 종은 우물에 가서 물을 긷는다. 젊은 종은 상전의 편지 심부름을 맡는다. 손님을 접대하는 것도 종의 몫이며, 제사상을 준비하는 것도 종의 몫이다. 주인이 아침에 일어나면 세숫물을 대령하고 수건을 바치는 것에서 시작하여 상전의 잠자리를 펴고 보살피는 것으로 하루가 끝난다. 여종이 없으면 다른 집의 여종을 빌려와야 할 정도로 사대부의 부녀자들은 밥을 하고 상을 차리는 일까지 종에게 의지했다. 종이 없으면 사대부의 하루가 불가능했다. 종에 대한 의존은 무제한이었다.

혼수 물목에는 맨 먼저 노비를 기재했다. 노비를 몇 구 데려오는가는 혼인의 중요 조건이었다. 상전 아씨가 혼인을 하면 어린 계집종이 따라간다. 상전 아씨야 시집가는 것이지만 따라가는 어린 계집종은 부모와 생이별을 하는 것이다. 노비라고 부모 자식 간의 애틋함이 없겠는가? 계집종의 부모는 내일이면 먼 길을 떠날 어린 딸의 잠든 머리맡에서 딸의 얼굴을 어루만지며 애끓는 마음을 달래야 했다.

선비들은 노비에게 시詩를 전달하는 심부름을 시키기도 했다. 박은의 일화다. 어느 날 밤늦게 술을 마시고 귀가하자 종이 편지 한 장을 바친다. 펴보니 거기에는 친우 이행이 보낸 시가 적혀 있었다. 이에 박은도 즉시 시 몇 구를 지어 종에게 전달하게 했다.

서거정과 홍일동 사이에 있었던 이야기는 좀 슬프다. 크게 취하여 귀가한 서거정이 깊은 잠에 들었다. 이때 서거정의 종이 홍일동의 시를 가져왔다. 서거정이 시를 읽고 다시 잠이 들려 하자 홍일동의 종이 밖에서 기다리고 있다면서 서거정의 종이 빨리 시 한 수를 써달라고 독촉한다. "어르신께서 어서 한 수 써주셔야 합니다요." 만일 화답 시를 가져가지 못하면 홍일동의 종은 상전으로부터 심한 꾸지람을 듣는단다. 서거정이 급히 시 한 수를 지었는데, 홍일동의 종은 눈물을 흘리며 돌아간 뒤였다.[15]

사대부들은 농장을 어떻게 경영했을까? 사대부의 땅은 일부가 집 근처에 있다. 문전옥답이다. 일부의 땅은 집에서 떨어진 인근 마을에 있고, 일부의 땅은 집으로부터 아주 멀리 떨어진 곳에 있다. 집 앞의 전답은 사대부가 솔거^{率居}노비들을 시켜 직접 경작한다. 자영이다. 다음으로 조금 떨어진 이웃 마을의 전답은 외거^{外居}노비들더러 경작하게 한다. 주인의 전답을 경작하는 대신 노비의 생계를 위해 약간의 사경지를 떼어 준다. 작개^{作介}다. 집으로부터 아주 멀리 떨어져 있어 자주 왕래하기 힘든 곳의 전답은 농민에게 맡겨 소출의 절반을 취한다. 병작이다. 병작의 경우 자기 소유의 노비에게 맡길 수도 있고, 남이 소유하는 노비에게 맡길 수도 있으며, 양인 농민에게 맡길 수도 있다.

주인집에서 살지 않고 독립 호를 영위하는 노비를 외거노비라 한다. 상전에게 면포 한 필의 신공을 바쳐야 한다. 외거노비는 신공의 의무를 지면서 독립생활을 영위하기 때문에 솔거노비보다는 나았다. 하지만 상전이 부르면 주인집에 가서 일을 해주어야 했다.

관아에 소속된 노비를 공노비라 한다. 가난한 노비들이 1년 동안 서울에 올라가 역을 치르자면 그 기간 동안 식량을 마련하기가 힘들었다. 장정이 없는 경우 한 해 농사를 망치니 온 식솔이 살아나기가 힘들었다. 신역^{身役}이 끝나려면 아직도 멀었는데, 가져온 쌀이 다 떨어져서 굶주림과 추위에 견디다 못해 쓰러져 죽는 사람들이 많았단다. 그래서 신역 기간을 채우지 못하고 달아나는 경우도 많았다.[16]

관청에 소속된 노비는 노비라기보다 죄수였다. 여자 종은 훨씬 더 고통스러웠다. 관청의 여자 종은 거의 짐승처럼 다루어진다. 아전과 포졸은 누구라도 여자 종을 마음대로 할 수 있었다. 관노의 선고를 받는다는 것은 정숙한 부인에게는 사형보다 더 고약한 일이었다.

이익은 『성호사설』에서 우리나라 노비제의 가혹성을 말하면서 천하고금에 둘도 없는 악법이라고 했다.[17]

한번 천한 종이 되고 나면, 천만 년이 가도 그 신세를 면치 못하게 된다. 이러한 학대와 고통은 천하 고금을 통하여 아직 없는 일이다.[18]

서거정과 『동국통감』

───── 서거정은 『필원잡기』에서 단군을 우리의 시조라고 했다.[19] 단군 신화는 고려 충렬왕(재위 1274~1308년) 때 일연과 이승휴가 각각 『삼국유사』와 『제왕운기帝王韻紀』에 기록했다. 이후 조선의 창업자들은 단군조선을 우리의 역사로 받아들였다. 국호를 조선으로 정했던 것은 단군조선을 계승한다는 의미를 담고 있었다. 조선시대의 모든 역사서는 단군조선을 통설로 받아들였다.

태종 때 편찬된 『동국사략東國史略』이 그 시초였다. 『동국사략』은 태종의 명을 받아 권근 등이 지은 책이다. 권근의 외손자가 서거정이다. 서거정 역시 성종의 명을 받아 『동국통감東國通鑑』을 저술하면서 우리나라 역사의 시작을 단군조선으로 했다. 이후 『동국통감』은 선비들의 필독서가 되었다.

서거정은 성종 때 학문을 이끌었다. 그는 『경국대전』의 서문을 작성했고 『삼국사절요三國史節要』를 지었으며, 조선 팔도의 지리와 풍속을 기록한 『동국여지승람東國輿地勝覽』을 남겼다. 또 서거정은 『동문선東文選』을 편집했다. 『동문선』은 삼국시대부터 조선 전기까지 문학 작품 4300여 편을 총망라한 문집이다. 서거정은 서문에서 "이것이 우리 동방의 문장이다"라며 포문을 열었다. 조선의 문학이 중국의 문학과 대등하다는 자부심의 표현이다. 서거정은 가히 조선의 학문을 이끈 문형文衡이었다.

3

사림의 영도자, 조광조

토머스 모어와 조광조

임금 사랑하기를 어버이 사랑하듯 했고
나라 걱정을 내 집 걱정하듯 했노라.
밝은 해가 이 세상을 내려다보고 있으니
내 충성된 마음을 환히 비추리라.

중종 14년 10월에 조광조는 전라도 능주로 귀양 간다. 돌아와 다시
일하라는 하교를 기다리던 조광조에게 중종이 내린 것은 사약이었다.
당혹스러웠을 것이다. 오직 임금께 충성을 다했고 나라 걱정만 했건만
이렇게 죽어가다니, 밝은 해만은 자기의 충성된 마음을 알고 있으리라
고 했다.

그 정신이 너무 희고 고결하여 권력자에게 죽임을 당하게 되는 경우가 더러 있다. 소크라테스와 예수가 그런 경우이고, 조광조가 그런 경우다. 세계사는 조광조의 품격과 아주 비슷한 또 하나의 예를 우리에게 보여준다. 영국의 토머스 모어Thomas More다. '양들이 사람을 잡아먹는다'는 말로 우리에게 더 친숙한 『유토피아Utopia』의 저자 토머스 모어다. 그의 연대기는 묘하게도 조광조의 연대기와 고스란히 겹친다. 토머스 모어는 1478년생이었고, 조광조는 1482년생이었다. 토머스 모어가 조광조보다 4년 선배 격이다. 토머스 모어는 젊어서 무던히 신부의 길을 걷고자 애를 썼다. 어렸을 때 김굉필의 제자가 되어 주자학적 윤리로 혼을 물들여버린 조광조와 딱 어울린다. 토머스 모어는 젊은 시절의 욕정을 물리칠 수 없어서 신부의 길을 포기했다. 조광조는 성직자보다 더 엄격한 삶을 자신에게 강제했다. 토머스 모어는 헨리 8세의 신임을 얻어 1529년 대법관에 임명되었고, 조광조는 중종의 총애를 얻어 1518년 종2품 대사헌에 오른다.

프로이트의 정신분석에 의하면 자아ego는 도덕윤리의 명령자인 초자아superego와 무의식 깊은 곳에서 마그마처럼 꿈틀거리는 본능id이 벌이는 갈등을 조정하는 주체다. 사춘기의 청소년들은 넘쳐나는 욕정을 분출하지 못하여 고통을 당할 때가 있을 것이다. 그 욕정이 프로이트의 이드id이고, 그 욕정을 억압하는 도덕윤리가 초자아다. 예수나 간디는 초자아가 극도로 발달한 성현이다. 토머스 모어나 조광조도 이런 부류의 사람이었던 모양이다. 인간이라면 두세 가지 약점이 있어야 하는데, 사람이 너무 흠이 없으면 싫다. 원칙주의자들은 친구의 잘못을 잘도 지적하지만 그럴 때마다 지적당하는 친구의 마음이 얼마나 괴로운지 모른다. 토머스 모어는 헨리 8세의 이혼을 반대하다 왕에게 밉보였고, 조광조는 중종에게 사사건건 도학 정치를 들이밀며, 공부를 열심히 하라고 다그치다 밉보였다.

중종과의 대화

사약을 내리기 1년 전 경복궁에서 중종과 조광조 사이에 어떤 대화가 오갔는지, 마법의 양탄자를 타고 궁중으로 들어가 보자. 참찬관 조광조가 아뢰었다.

"무릇 인심에 털끝만큼이라도 사념이 끼게 되면 인이 아닙니다. 조금도 사특한 마음이 없어야 인이라 할 수 있습니다. 대저 사람은 천지의 기운을 받아서 태어났으므로 오직 인의예지의 덕만 있을 뿐입니다. 다만 사람마다 기품氣稟이 같지 않아 차이가 있을 뿐입니다."[20]

지금 조광조의 머리에서 움직이고 있는 것은 주자의 세계관이다. 천인합일天人合一이라. 인간이 하늘과 하나 되는 것이 주자적 세계관이 지향하는 인격 도야의 궁극적 목표였다. 인이란 무엇이냐? 하늘이 인간에게 준 기품이다. 그런데 털끝만큼이라도 사념이 끼면 인심이 천리天理에서 벗어나 인을 이루지 못한다. 인간에게는 인의예지, 곧 천지의 기운이 깃들어 있단다. 대단히 종교적인 사유체계다.

그런데 여기에서 그치면 재미가 없다. 인간은 왜 도덕적 인간이 되기 위해 수련해야 하는가를 설명해야 한다. 주자에 의하면 사람이 악한 것은 사람마다 타고난 기품이 다르기 때문이란다. 쉽게 말해 세상에서 오는 여러 유혹들, 분노의 마음들, 사익을 탐하고자 하는 생각들이 사람마다 다르기 때문에 수련하는 선비는 한시도 쉬지 않고 자신의 마음을 깨끗하게 유지해야 한다. 조광조는 자신의 경험을 고백한다.

"신臣과 같은 사람도 맑은 밤 고요한 곳에서 지기志氣가 청명할 때가 있습니다. 그런데 마음이 강하지 않으면 이튿날에 가서 곧 어지러워집니다. 그러므로 임금 역시 공부를 부지런히 하셔서 예의에 힘쓰게 하여야 할 것입니다."[21]

뻐꾸기 울음소리와 개구리 울음소리밖에 들리지 않는 외딴 곳에서 맞는 밤의 정적을 조광조는 좋아했나 보다. 그의 호는 정암靜庵이다. 풀이하면 '고요한 암자'다. 그곳에서 의관을 정제하고 단정히 앉아 도를 닦는 이 사람과 산사에서 참선에 용맹 정진하는 선사는 차이가 없다. 조광조는 수도 과정에서 무엇을 얻었을까? 바로 깨끗하고 고요한 마음, 청명한 지기였다. 그렇게 쉬지 않고 자신의 마음을 닦으면 성현의 경지에 오를 수 있으나 하루라도 방심하면 마음은 어지러워진다. 임금이여, 정학正學을 높이고 예의에 힘쓰시라!

좀 이상하다. 중종이 윗사람인지 조광조가 윗사람인지 헷갈린다. 무를 꿇고 엎드려 '성은이 망극무지로소이다'라며 조아리기만 하는 신료가 아니다. 중종은 왕이고, 조광조는 신하다. 분명 조광조는 중종의 아랫것이다. 그런데 세종을 훈계했던 최만리가 그랬듯이 조광조도 중종을 가르치고 있다. 말은 공손하지만 조광조는 중종 위에 있다. 정신의 영역에서 중종은 학생이고 조광조는 스승이다. 조광조는 중종을 다그친다.

석강에 나아갔다. 조광조가 아뢰었다.

"성상께서 보위에 오른 이래 마음을 가다듬어 힘을 다하여 정치를 하셨으나, 신의 생각에는 매사에 삼가는 도리를 다하지 않고 있습니다. 『근사록近思錄』과 『소학』을 배우기 시작한 지가 2~3년이 되었는데 지금까지 끝마치지 못하셨습니다."[22]

뭐 하는 것이야! 공부를 시작한 지가 몇 년인데, 아직도 『근사록』과 『소학』조차 끝내지 못하는가? 수학으로 치면 아직 『수학의 정석』도 끝내지 못했냐는 말이다. 허구한 날 예쁜 여자들 끼고 술 마시고 놀기만 한 것 아니냐는 추궁이다. 세종과 문종은 나이 8세에 성균관에 입학하여 『소학』을 배웠다. 한데 중종은 그러질 못했다. 왕이 되는 것은 꿈도 꾸지 않았다. 나이 열아홉 살에 느닷없이 왕이 되었다. 그래서 분발해도 부족하거늘 지금 무엇을 하며 지내는가? 이게 조광조의 추궁이었다. 비교당하는 것은 기분 나쁜 일이다. 세종을 보라며 추궁하는 조광조의 삿대질 앞에서 임금은 고분고분하게 고개를 숙인다. "근래 일이 많아 세 번의 경연에 나아가지 못했다."²³ 좀 봐줘!

비밀 편지

불쌍하다. 조선의 왕이 언제 이렇게 추락했던가? 연산군의
폭정을 엎고 등극한 왕, 신하들의 힘으로 이룬 반정이었기에 중종은
태생부터 신권에 끌려 다니는 왕일 수밖에 없었다. 하지만 조광조는
너무 나갔다. 도학 정치만 고집할 것이 아니라 노자의 지혜도 참조할
걸 그랬다. '굳이 천하의 선두에 나서지 마라. 선두에 나서는 이는 다친
다. 높은 산봉우리는 비바람에 꺾인다. 계곡이 편하다. 날카로움을 꺾
고, 화려한 분장을 풀어버리고, 눈빛을 부드럽게 하고, 티끌 속에 묻혀
살라.'

조광조는 사약을 마시는 그 순간에도 몰랐을 것이다. 자기가 왜 사약
을 마셔야 하는지, 무엇을 잘못한 것인지. 그렇다. 눈빛을 부드럽게 하
지 못한 것이다. 중종은 홍경주에게 비밀 편지를 보냈다. 조광조를 제
거하라고.『조선왕조실록』은 기록한다.

> 임금이 신하를 제거하려고 꾀하는 것은 바람직하지 않다. 하지만 조
> 광조가 이미 간사한 이들의 당奸黨을 만들었으니 어이 할 것인가. 임
> 금은 혼자인지라 제재하기 어렵다. 함께 조광조를 제거해달라.²⁴

중종도 몹시 불편했던 모양이다. 조광조는 사림의 영도자였다. 조광조는 요순의 태평 시대를 실현하고자 했다. 아이들이 모두 『소학』을 공부하고, 마을마다 향약을 추진하면 조선이 이상 사회가 될 것으로 그는 꿈꾸었다. 율곡은 말한다.

오직 한 가지 애석한 것은 조광조가 출세한 것이 너무 일렀다는 것
이다. 주장이 너무 날카로웠고 일의 추진도 급했다. 간사한 무리들이
이를 갈고 있다는 것을 몰랐다. 그러다 어진 사람들이 모두 한 그물
에 걸리고 말았다. 뜻있는 사람들이 한탄했다.[25]

- 율곡전서, 「동호문답」 중에서

④

서경덕의 은일

송도삼절

서경덕은 황진이와 함께 '송도삼절松都三絶'로 유명하다. 생불이라 불리던 지족선사를 파계시키고 호남아 벽계수의 콧대까지 꺾어놓았던 기생 황진이가 당대의 은둔 학자 서경덕을 유혹하는 데는 실패했단다. 이야기는 호사가들의 입을 따라 지금은 바꿀 수 없는 전설이 되었다. 퇴계 이황도 정을 주고받은 여인 두향이 있었고, 율곡 이이도 정을 준 여인 유지가 있었다. 황진이가 소세양, 이사종 등 당대의 풍류 묵객들과 두루 교제한 것으로 보아 황진이의 분 내음이 서경덕에게도 풍겼을 법하다. 하지만 도무지 분간할 수 없다. 어디까지 사실이고 어디부터 소설인가?

서경덕과 황진이의 일화에서 우리가 경계할 것은 두 가지다. 하나는 황진이의 품격을 기생으로 가두는 경향이다. 조선시대에 거문고를 타고 춤을 추며 시를 읊는 여성 예술인이었던 기생의 품격[26]을 여염집 여자로 폄하하는 우리의 왜곡된 기생관도 정정해야 할 관점이지만 이런 관점으로 보더라도 황진이는 조선시대의 문학사가 자랑하는 일류 여성 시인이었다. 16세기 여성 문학사에서 허난설헌과 황진이를 빼면 무엇이 남는가? 허난설헌의 시는 동생 허균의 기억에 의해 되살아나 중국 학자들에게 전달되었고, 북경의 시단을 거쳐 일본에서도 유행했다. 한류 원조였던 셈이다. 허난설헌은 동생 허균과 함께 손곡 이달을 스승 삼아 시를 배웠으니 대감 집 딸로 태어나 조선 문화의 정수를 한껏 누린 여인이었다. 허난설헌이 온실의 화초였다면 황진이는 들판의 야생화였다.

> 동짓달 기나긴 밤을 한 허리 버혀 내어
> 봄바람 이불 아래 서리서리 넣었다가
> 어론님 오신 날 밤이어든 굽이굽이 더디게 펴리라

송도삼절의 전설을 말하면서 조심해야 할 것이 또 하나 있다. 서경덕은 기생과 수작을 건넬 이류 선비가 아니었다. 그는 조선을 대표하는 선비의 정화였다. 서경덕의 기氣 철학만큼 개성이 강한 철학도 찾아보기 힘들거니와 서경덕이 걸어간 길만큼 고고하고 청아한 삶도 찾아보기 힘들다. 서경덕이 있었기에 우리는 부끄럽지 않은 조선 선비의 삶을 말할 수 있다. 서경덕의 품격에 정당한 예의를 바치자.

은일을 택하다

『조선왕조실록』에 의하면 1540년 중종은 뛰어난 선비를 천거하라 명했고 김안국은 서경덕을 천거했다.[27] 선비의 출사에는 크게 세 가지 방식이 있었다. 과거에 급제하여 관리가 되는 방식과 조상의 음덕으로 벼슬을 얻는 음직의 방식이 있다. 또 하나는 초야에 묻혀 공부하다가 산림山林으로 특채되는 방식이었는데, 지금 서경덕을 천거한 것은 서경덕을 산림으로 존중했다는 것이다.

출사를 거부하고 처사로 사는 것을 은일이라 하는데 은일의 유형에도 세 가지가 있었다. 첫째는 은둔隱遁이다. 청렴하고 굳은 절개를 지키고자 세상을 피하여 숨는 것이다. 조선 초 이씨 왕조에 출사하는 것을 거부한 길재가 이 경우다. 둘째는 염퇴恬退다. 명예나 이익에 뜻이 없어 벼슬을 내놓고 조용히 물러나는 것이다. 선조의 부름에도 시골에 눌러 앉기 좋아한 퇴계 이황이 이 경우다. 셋째는 유현遺賢이다. 처음부터 끝까지 벼슬을 하지 않고 초야에 묻혀 사는 것이다. 하지만 할 말은 한다. 그 점에서 세상을 등지고 사는 은둔과는 다르다. 조식이 이 경우다.

중종은 1544년 56세의 서경덕에게 참봉을 제수한다.[28] 참봉은 종9품의 벼슬이었다. 얼마 되지 않는 녹봉이지만 입에 풀칠이나 하며 살라는 배려였다. 당시의 세태는 어떠했던가? 관직 자리 하나 챙기기 위해 재상에게 청탁을 넣고 뇌물을 바치던 시대였다. 서경덕은 달랐다.

서경덕은 송도 사람이다. 젊어서부터 학문에 힘썼고, 두루 명산 대첩을 유람하면서 뜻을 넓혔다. 그의 학문은 깊이 사색하는 것을 위주로 했다. 집이 가난하여 죽도 먹지 못하여 가족이 배고파 울었지만 조금도 개의치 않았다. 개성부의 관원이 제공하는 물품이 있었지만 서경덕은 받지 않았다. 참봉 직을 제수하자 서경덕은 사양했다. '이 늙은 나이에 어찌 그런 일을 감당하겠는가' 하며 마침내 나아가지 않았다. 그는 송도에 살면서 조용하고 온화한 것을 좋아했다. 많은 사람들이 그의 기품을 사모했다.[29]

부와 권력을 양보할 수는 있어도 명예마저 멀리하는 것은 드문 일이다. 사회적 존재인 인간에게 가장 끈질긴 것이 인정 욕구 아니던가? 출사하여 세상을 경륜하는 것이 모든 선비의 바람이었다. 선비의 상식을 서경덕은 전복하고 있다. 공자에겐 자로와 자공 같은 경세형 제자들이 있었고, 안회와 공서화公西華 같은 수신형 제자들이 있었다. 조광조와 이이가 전자의 경우였다면 서경덕은 후자의 경우였다. 그는 가난을 불편하다 여기지 않고 오히려 가난 속의 삶을 즐기며 살았던 참된 선비의 사표였다.

서경덕과 코페르니쿠스

소년 서경덕은 궁핍했다. 집이 가난하여 매일 들에 나가 나물을 뜯어다 끼니를 때우는 게 소년의 일상이었다. 매일 늦게 돌아오지만 소년의 바구니에는 나물이 별로 없었다. 부모가 소년에게 까닭을 물었다.

"나물을 뜯다가 새끼 새가 나는 것을 보았습니다. 첫날은 땅에서 한 치 정도밖에 날지 못했으나 다음 날은 두 치, 그다음 날은 세 치를 날다가 점차 하늘을 날아다니게 되는 것을 보았습니다. 그 얼마나 신기한 일이던지요. 날마다 새끼 새가 조금씩 더 날게 되는 것을 지켜보며 그 이치를 깊이 생각해보았지만 터득하기 어려웠습니다."

서경덕은 어릴 때부터 생명 현상의 이치에 대한 탐구심이 남달랐나 보다. 서경덕이 열두 살 때였다. 서당에서 물었다. "365일을 1년으로 삼고 윤달로 사시四時를 정한 이치가 무엇이온지요?" 훈장은 제대로 답하지 못했다. 서경덕은 보름 동안 혼자 그 이치를 궁리한 끝에 깨달았다.

1489년에 태어나 1546년 58세의 나이로 타계한 서경덕의 연대기는 1473년 폴란드에서 태어나 1543년에 71세의 나이로 타계한 코페르니쿠스를 떠올리게 한다. 코페르니쿠스는 열 살 때 아버지를 여의고, 외삼촌의 후견을 받으며 성장했다. 1492년 콜럼버스가 신대륙을 찾아 항해하고 있을 때 그는 대학에서 수학과 천문학, 그리스어와 철학을 배우고 있었다. 코페르니쿠스는 이탈리아의 볼로냐 대학에서 법학을 전공하고 파도바 대학에서 의학을 수학했다. 1500년에는 로마를 방문하여 천문학을 배운다.

만일 10대의 서경덕을 이탈리아에 유학 보냈다면 어떻게 되었을까? 서경덕의 지적 역량이라면 그리스어와 라틴어를 쉽게 독파할 것이고, 이어 유클리드의 『기하학 원론』을 쉽게 이해했을 것이다. 이후 프톨레

마이오스의 대저 『알마게스트_{Almagest}』[30]를 접했다면, 조선 과학의 역사는 어찌 되었을까?

> 묻건대 부채를 휘두르면 바람이 나는데 바람은 어디로부터 나오는가?
> 바람은 기_氣다.
> 기가 꽉 차 있음은
> 물이 계곡에 가득 차 있는 것과 같아 빈 곳이 없다.
> 바람이 고요하고 잠잠할 때는
> 모이고 흩어지는 형체가 보이지 않으나
> 그렇다고 기가 비어 있는 일이 있었겠는가?

서경덕에게 『기하학 원론』과 『알마게스트』가 없었다는 것이 유감일 따름이다. 힘은 질량 곱하기 가속도다($F=ma$). 부채에서 바람이 나오는 것은 힘을 주고 부채를 흔들었기 때문이다. 그 힘(F)은 질량(m)과 가속도(a)로 분해된다. 서경덕이 바람을 기로 보았던 것은 동아시아의 형이상학이 갖고 있던 한계였다. 세계를 직관했으나 세계를 분석하지 못했다.

> 아, 인생이 고향을 떠나 타향을 방랑하는 것을 아는 이, 얼마나 되는가
> 제 집으로 돌아가듯 본래 상태로 돌아가는 것이 죽음일지니

1546년(명종 1년) 58세의 서경덕은 죽음을 예감했다. 마지막 목욕을 하고 임종을 앞둔 그에게 제자가 물었다. "선생님, 지금 심경이 어떠십니까?" 서경덕이 답했다. "삶과 죽음의 이치를 깨달은 지 이미 오래이니, 내 지금 마음이 편안하구나." 서경덕의 마지막 말이었다. 사람이 죽을 때는 모름지기 조용히, 의젓하게 죽어야 한다는 소크라테스의 말을 떠올리게 한다. 아마도 서경덕은 장자莊子의 사생관을 통달했던 것 같다. 그의 삶 자체가 너무나 장자스럽지 않은가?

퇴계, 선비의 품격

생계인, 퇴계

잇손, 금이, 한손, 철손, 석분, 철산, 중손, 손이, 언석, 순이, 의산, 중
손, 칠산, 눗손, 고온, 연동, 억수, 은순, 황석, 갓금, 극비, 개덕, 연분,
조비, 막비, 범금, 범운, 돌금, 막금, 낸손, 문산, 억필, 용손, 굿비부, 손
이, 한필, 동령, 맛동, 옥돌똥, 유리산, 풍손, 석금, 연수, 진개, 말동, 옴
동, 옥지, 수운, 덕만, 금손, 범석, 둘언, 손환, 은정이, 억동, 질동, 진
성, 간손, 명복, 금순, 굿동, 철금, 동산, 단금, 학숭, 막실, 숫동, 돌손,
막지, 가외부, 행아, 막동, 계근, 간비.

모두 종들의 이름이다. 성은 없고 이름만 가진 채 태어난 그날부터
죽는 그날까지 상전의 수족으로 일하는 운명의 노비들. 퇴계 이황이 아

186 역사 콘서트

들에게 쓴 편지에는 다른 누구보다도 이들 종의 이름이 가장 많이 등장한다. 500여 통의 편지[31]에 등장하는 노비의 이름이 자그마치 150여 명이다. 이름을 부른다는 것은 그 사람의 얼굴을 분간하고 있음을 의미한다. 얼굴을 분간할 뿐만 아니라 그 사람의 성향을 파악하고 있음을 의미한다. 잇손, 연동, 황석처럼 자주 부르는 종들도 있지만 서한집 전체에서 딱 한 번 등장하는 종들의 이름도 많다.

준에게 답한다. 잇손이 와서 너의 편지를 전했다(1540년).

다음 달 보름쯤에 돌아가려고 계획을 확정했으니 하인 한손이 철손과 함께 짐 싣는 말을 데리고 와야 한다(1543년).

시험 치러 가는데 타고 갈 말이 없으면 중손이 말을 가지고 가니 타고 가라(1546년).

어제 낸손 편에 부친 편지는 보았느냐(1548년).

영천의 곡식을 거두어들이는 것은 모두 종들에게 맡겼다(1551년).

의령에서 보내온 물건은 황석이 말한 대로 보내었다(1552년).

다음 달 초순 전에 해직이 된다면, 종 하나를 보내 떠날 날짜를 알린 뒤에 사람과 말을 보내오는 것이 좋을 것이다(1553년).

종 명복이를 내려보낸다. 종 억필이와 늣손이 몇 짐 실을 말 두 필을 서울에 도착하도록 하면 좋겠다(1553년).

가외부가 어제 서울에 와서 의령의 편지 두 통을 전했다(1554년).

서울의 아버지와 안동의 아들 사이에 오고 가는 모든 편지는 종들의 발로 옮겼다. 서울과 안동 사이가 가까운 거리가 아닌데 이 길의 왕래역시 종들이 모는 말이 있었기에 가능했다. 농사짓는 일은 기본이요, 타지에 나가 소금과 미역을 사오는 일, 목화를 따는 일, 뗏목을 옮기는 일, 풀 베는 일, 기와 씌우는 일, 집 수리 하는 일, 제사 음식을 준비하는 일 등 모든 노동은 종들의 몫이었다.

　퇴계와 아들 준의 선비 생활은 종들의 노동이 있었기에 가능했다. 아버지는 아들에게 절에 들어가 공부할 것을 주문한다. 다 종들이 있기에 가능한 일이었다. 아버지는 아들에게 별시에 응시할 것을 주문한다. 다 종들이 있기에 가능한 일이었다. 아버지는 아들에게 무슨 책을 읽고 있느냐고 물으면서 세월은 흐르는 물과 같으니 정신 차리고 공부하라고 다그친다. 다 종들이 있기에 가능한 일이었다. 퇴계가 아들 준에게 쓴 편지가 퇴계 삶의 진실이라면 대한민국의 화폐 1000원 권은 달라져야 한다. 1면에 이황의 초상이 실렸다면 2면에는 이황과 함께 살았던 종들의 초상이 실려야 한다.

　이상한 일이다. 편지를 읽다 보면, 조선을 대표하는 철인 퇴계는 어디론가 사라지고, 가계부 들고 살림 걱정하는 퇴계가 나온다. 볼까?

지난해 가을 박현봉에게서 도지賭地로 받은 쌀 한 바리를 정미하여 싣고 오도록 하여라(1541년).

농사에 수확이 없다고 하니 걱정이다(1545년).

내년 봄에는 기와 굽는 요를 만들 채비를 하도록 하인들에게 일러라 (1545년).

극비라는 여자 종은 어리석고 고집이 세서 일을 맡길 수가 없구나. 그러나 갓금이를 이미 데리고 와버렸으니 집 짓는 일과 제사를 부득불 맡겨야 할 것 같다(1548년).

잇따른 비로 인하여 파종과 기와 굽는 일이 늦추어졌다고 하니 유감스럽다(1548년).

밭 가는 일을 그만둔다면 논밭은 다 황폐해질 것이다. 메밀 씨를 파종할 때다(1548년).

목화 따는 일을 소홀히 하지 마라(1549년).

석금은 목화를 가지고 농간을 부리고 있으니 엄히 다스려라(1550년).

고성의 전답을 너의 외숙부가 사고 싶다는 말은 했으나 그 값을 보내지 않는다(1550년).

곡식을 담는 짚단을 구입하여라(1550년).

곡식을 거두어들이는 것은 모두 종에게 맡겼다(1550년).

하인들이 아프니 가을 추수를 어찌할지 걱정이다(1552년).

게으름을 부리는 하인들을 가려 종아리를 때려라(1553년).

식구는 많고 경비는 많이 들어 평년이라도 추위와 배고픔을 면하기 어려운데 흉년이 들면 어찌할 것이냐(1553년).

의령의 보리 수확은 네 섬 정도여서 여유가 있다고 한다. 내년의 종자를 구입하도록 하라(1553년).

순무 종자를 겨우 구하여 보낸다(1553년).

녹봉으로 나오는 밀은 묵은 것이라 종자로 쓸 수 없다(1553년).

추수 후 소출은 어떠냐? 하도의 굶주린 백성들이 무리로 일어나 사납게 위협할 형세가 없지 않다(1553년).

퇴계가 아무리 위대한 학자라 할지라도 그 역시 자신의 생계를 보살펴야 하는 한 명의 경제인이었다. 인간의 역사는 자신의 생존을 해결하기 위해 대자연과 분투하는 것에서 시작되었다. 역사상 어떠한 인물도 인간의 생산 활동으로부터 초탈하지 못했다. 위인을 신격화하거나 성역화하지 말자. 있는 그대로 보고, 있는 그대로 말하자. 퇴계는 아들에게 말한다.

재산을 경영하는 일도 사람이 아니할 수 없는 것이라 너의 아비가 비록 이런 일에 소원하고 졸렬하지만 어찌 방치할 수야 있었겠느냐? 하지만 문아함을 잊고 오직 경영에 몰두한다면 이는 농부나 향리 속인과 다를 게 없을 것이다.[32]

조선시대 선비의 지조와 절개는 그들의 지주적 삶과 무관하지 않다. 조선의 선비는 일정 수준의 노비와 토지를 갖고 비교적 안정된 경제생활을 할 수 있었다. 퇴계의 사상과 학문도 그가 일군 경제적 기반 위에서 성취된 것이다.[33]

승경도 게임
|

　　　　퇴계가 퇴계인 까닭은 그의 심원한 학문에서 비롯되었으나 그의 학문적 성취보다 더 위대한 것은 나아감과 물러섬, 출사와 처사에서 보여준 그의 무욕과 자유로움이 아닐까? 승경도陞卿圖는 18계단의 관직을 놓고 주사위를 던져 먼저 영의정에 오르는 사람이 이기는 게임이다. 승경도 게임을 하다 보면 그 많은 관직의 이름들이 저절로 외워진다. 여기에 승경도 게임이 갖는 학습 효과가 있다. 그런데 이 게임은 한 가지 중대한 결함을 안고 있다. 유배나 은일을 게임의 가장 낮은 곳에 두고 삼정승을 게임의 맨 위에 둠으로써 관직의 높고 낮음이 인생의 우열과 승패의 잣대라는 허위 의식을 조성한다는 점이다.

　현실은 승경도 게임이 아니다. 주사위를 던지다 보면 누구나 영의정에 오르게 되지만 이것은 착각이다. 조선 500년 동안 문과의 관문을 통과한 사람이 1만 5000명이었다. 평균적으로 한 해 30명만이 이 주사위를 던질 수 있었던 것이다. 문과 초시 합격자가 330명이고 복시 합격자가 33명이므로 10대 1의 경쟁률을 뚫고 나간 이들만 주사위를 던질 수

있었던 것이다. 이루 헤아릴 수 없이 많은 사람들이 주사위를 던져보지
도 못하는 승경도 게임에 붙들려 있었다.

　오르는 것이 좋은 것인가? 영의정 다음에 가는 곳이 봉조하[34]다. 조
정을 떠나는 것이다. 왕권을 등에 업고 호가호위狐假虎威하면서 권세를
휘둘렀지만 세월은 빨리 흐르고 인생은 짧다. 경복궁 근정전 마당에
박혀 있는 문무 관직 18품계석은 알고 보면 선비들을 낚는 왕의 미끼
였다.

　서경덕은 처음부터 승경도 게임을 거부한 선비였다. 서경덕이 승경
도 게임 밖에서 은일하며 평생을 고요하고 깨끗하게 살았던 것은 아마
장자의 자유를 추구했기 때문이었을 것이다. 퇴계 이황은 승경도 게임
에 참여했다. 선비들은 주사위의 숫자만큼 위로 오르길 선택하는 반면

──── 『주역』 64괘는 건乾괘에서부터 시작한다. 건괘의 막대기 여섯 개는 양陽의 기운이 굳세게 펼쳐지는 모습을 뜻한다. 하늘을 상징하며, 임금의 일생을 지시하는 괘다. 건괘의 풀이에 따르면 맨 밑에 깔려 있는 막대기는 물에 잠긴 용潛龍勿用이니 쓰지 않는다고 한다. 공부하고 힘을 기르는 시기다. 두 번째 막대기는 밭에 나타난 용見龍在田이다. 대인을 보아야 이롭단다. 군왕과 대신들로부터 인정받은 왕세자일 것이다. 세 번째 막대기는 종일 쉬지 않고 노력하는 군자終日乾乾다. 왕세자가 왕위에 오르려면 문과 급제자들보다 더 열심히 학문을 닦아야 하지 않던가? 네 번째 막대기는 연못에서 뛰어노는 용或躍在淵이다. 용이 연못에서 뛰어논다는 것은 그다음의 비약을 위해 힘을 비축하는 것이다. 다섯 번째 막대기는 하늘을 나는 용飛龍在天이다. 보위에 오른 왕이다. 그런데 여기에서 『주역』은 당부한다. 대인을 만나야 이롭다利見大人는 것이다. 왕이 태평성대를 이루고자 하면 왕을 보좌하는 큰 선비들을 만나야 한다. 세종에겐 황희가 대인이었고, 세조에겐 신숙주가 대인이었다.

여섯 번째 막대기는 후회하는 용亢龍有悔이다. 함흥차사의 태조 이성계요, 상왕으로 물러앉은 태종 이방원이다. 청와대를 졸업한 노무현, 기다리고 있는 것은 소인배들의 모욕이었다. 그래서 『주역』은 말한다. 달이 차면 기운다. 차는 것은 오래가지 못한다盈不可久也. 건괘 풀이의 맨 마지막에 의미심장한 글귀가 붙어 있다. 여러 용을 보건대 우두머리는 되지 않는 것이 좋다見群龍无首. 吉.

퇴계 이황은 주사위를 던져놓고 자기 마음대로 움직인다. 남들이 싫어하는 외직을 자청하여 단성 군수, 풍기 군수를 선택한다. 형조참의를 거부하고 은일로 내려가는 것이다. 조선 500년 왕조사에서 참으로 기이한 선비가 나온 것이다. 새장의 안과 밖을 제집 드나들듯 자유롭게 드나든 퇴계 이황. 그는 난진이퇴難進易退, 즉 나아감은 어렵게 하고 물러섬은 쉽게 함으로써 조선 선비의 품격을 한껏 높인 선비였다.

나아감과 물러섬

퇴계가 문과에 급제한 것은 34세의 일이다. 을과 1등을 했으니 우수한 성적을 냈지만 공부한 것에 비해 늦게 급제한 것이었다. 벼슬길에 나아간 퇴계의 가슴속을 지배한 생각은 무엇이었을까?

과거 공부란 시험을 위한 공부다. 시험을 위한 공부는 말이 공부지 공부가 아니다. 시험의 끝을 알리는 종소리와 함께 사라지는 덤불 같은 지식의 조합은 잘해보았자 앎을 과시하는 현학衒學의 수단이지, 진리를 탐구하고 진실을 찾는 공부가 아니다. 모름지기 공부는 스스로 제기한 물음의 답을 찾는 것이다. 젊은 퇴계는 전자가 아닌 후자의 공부를 했다. 20세의 퇴계는 산사에서 『주역』에 심취하여 먹고 자는 일을 잊었다고 한다. 공부에 빠져 먹는 것을 잊고 깨달음에 즐거워 근심을 잊었다는 공자처럼 퇴계는 『주역』의 신비에 빠져들었다. 어찌나 몰두했던지, 이때부터 '몸이 파리하고 초췌해지는 병'이 도졌다고 한다. 요샛말로 하면 '신경쇠약병'에 걸린 것이다.

20대 초반에 『주역』에 통달한 젊은이가 어머니의 간곡한 청을 못 이겨 과거 시험에 응시했으나 그의 마음은 출세의 길과는 다른 곳에 있었을 것이다. 항룡유회라. 꼭대기에 올라가면 남는 것은 후회뿐이다. 우두머리는 되지 않는 것이 좋다(무수. 길). 34세에 출사한 퇴계가 은일의 길로 마음을 돌린 것은 45세의 일이다.

1544년에 중종이 붕어하고 1545년에 보위에 오른 인종이 재위 8개월을 넘기지 못하고 훙薨한 것은 누가 보아도 조작의 낌새가 짙다. 『주역』은 기미幾微를 중시한다. 사물은 변화하는데, 그 변화의 방향을 알려주는 미묘한 징조가 있다는 것이다. 아니나 다를까 명종의 어머니 문정왕후는 어린 아들을 앞세워 섭정을 했고 그녀의 아우 윤원형이 권력을 잡고 또 한 차례의 사화를 일으켰다. 1545년의 을사사화다.

이때부터 퇴계의 진퇴가 거듭된다. 퇴계는 46세이던 1546년 2월 휴가를 얻어 귀향한다. 1547년 8월 홍문관 응교로 조정에 돌아온다. 그해 12월 병을 앞세워 사직한다. 1548년 외직을 자청하여 단양 군수로 부임한다. 그해 10월 풍기 군수로 옮긴다. 1549년 병을 앞세워 사직한다. 1550년과 1551년 집에 머문다. 1552년 4월 홍문관 교리를 맡고, 7월 성균관 대사성을 맡는다. 정3품의 성균관 대사성은 가장 존경받는 선비에게 돌아가는 자리다. 그런데 11월에 또 사직한다. 다시 1553년과 1554년 입궐하여 형조참의도 맡고 병조참의도 맡는다. 퇴계는 들락날락 그렇게 또 10년의 세월이 흘렀음을 한탄했을 것이다. 1555년 사직하고 아예 청량산에 들어간다. 1556년 명종은 퇴계를 부르고 퇴계는 명종의 부름을 사양하는 일이 반복된다.

이어지는 명종과 퇴계의 줄다리기, 참으로 희한한 일이다. 『삼국지』는 유비가 제갈량의 초가를 찾아가는 삼고초려三顧草廬의 미담을 전하는데, 명종과 퇴계는 십고초려라 해야 할까? 중국의 삼고초려는 초야에 묻혀 지내는 선비의 손을 잡아주어 인재를 발탁하는 군주의 덕을 미화하는 반면, 조선의 십고초려는 인재를 끌어다 쓰고자 하는 군주의 미덕을 한사코 뿌리치는 선비의 고절을 미화한다. 1556년 명종은 또 퇴계를 부르고 퇴계는 또 사양한다. '그까짓 문사 한 명에 매달리나'라고 할 법도 했다.

부르고 마다하고를 10여 차례쯤 거듭했을까? 퇴계의 사직 의사는 확고했다. 첫째, 어리석은 자가 벼슬자리만 차지하고 있는 것은 무책임한 일이다. 이는 능력 있는 젊은 신진들을 죽이는 짓이다. 둘째, 병으로 일을 하지 못하면서 녹만 먹는 것은 나라의 재산을 사취하는 행위다. 셋째, 실속은 없으면서 명성만 높은 것은 세상을 속이는 짓이다. 넷째, 그른 줄을 알면서도 덮어놓고 나아가는 것은 합당한 출사가 아니다. 다섯째, 직책을 다하지 못하면서도 물러나지 않는 것은 합당한 처사가 아니다. 퇴계의 은일은 정당했다.

하지만 궁궐에는 사관의 정론만 떠돈 것이 아니었다. 윤원형과 그를 따르는 패거리가 있지 않았던가? 다섯 가지 이유로 사직을 고집하는 퇴계의 귀에 좋지 않은 소문이 들린다. '네가 산새더냐?' 더는 왕의 부름을 물리칠 수 없었던 퇴계는 67세의 노구를 이끌고 한양에 올라간다. 사흘 후에 명종이 승하한다.

매화와 함께 지다

이황은 61세에 도산서당을 짓고 스스로를 도옹陶翁이라고 불렀다. 그의 집에는 항상 많은 선비들이 찾아와 학문을 배웠다. 그즈음 퇴계는 「도산십이곡陶山十二曲」을 지었다. 우리는 퇴계가 성취한 주자 철학의 깊이를 따라갈 수 없음을 인정하자. 한글로 쓴 「도산십이곡」을 감상하면서 퇴계가 늘그막에 노닌 경지, 그 한 자락을 구경하자.

퇴계는 정치에 나아갔으나 한 번도 행복한 적이 없었다. 그는 산야의 사람이었다. 무엇보다 그는 책을 읽고 산책하는 삶을 사랑했다. 그는 지인들에게 "젊어 벼슬길에 잘못 들어섰다"고 말했다. 늦게나마 '학문'에 정진해야겠다고 작심한다.

당시에 녀던 길흘 몃 히를 보려 두고
어듸 가 돈니다가 이제사 도라온고
이제나 도라오나니 년듸 무슴 마로리.

– 「도산십이곡」 10

'당시에 녀던 길'이란 학문의 길이다. 다시는 벼슬에 마음을 두지 않 겠다는 다짐이다. 이황이 그토록 하고 싶었던 학문은 우주를 성찰하고 삶의 의미를 습득하는 공부였다. 선비들 가운데 '이 길'을 걷는 사람은 드물었다. 대부분의 선비들은 일단 과거 시험에 합격하면 공부는 끝이 었다. 출세하기 위해 공부를 했기 때문이다.

학부모들은 이황이 과거 시험의 기술을 가르치지 않고 『소학』이나 『심경心經』 같은 인격 수양서를 강의하는 것을 못마땅하게 생각했다고 한다. 1558년 이황은 자신을 찾아온 젊은 율곡이 '이 학문'에 뜻을 두 고 있는 것을 보고 크게 반가워했다. 둘러보니 그만큼 '사람'이 없었다. 이황은 외로웠다. 금세에 사람이 없어 그는 옛사람들을 연모했다.

고인古人도 날 몯 보고 나도 고인 몯 뵈
고인을 몯 봐도 녀던 길 알펴 잇니.
녀던 길 알펴 잇거든 아니 녀고 엇뎔고.

-「도산십이곡」 9

퇴계의 스승은 주자였다. 그는 주자를 만나고 싶어 벼슬길을 그만두었다고 해도 과언이 아니다. 주자는 '님'이었다. 이황의 공부는 두 가지였다. 하나는 책을 통해 옛사람을 만나는 것이었고, 다른 하나는 산수자연과 더불어 노니는 것이었다. 그는 매일 새벽 일어나 책을 읽고 주변을 산책하며, 그 흥취에서 일어나는 감흥을 시로 읊거나 때로는 편지를 썼다. 그는 산책과 독서에 무궁한 즐거움이 있다고 자랑한다.「도산십이곡」의 첫 노래가 그 풍경을 읊고 있다.

이런달 엇더하며 뎌런달 엇더하료
초야우생草野愚生이 이러타 엇더하료
하믈며 천석고황을 곳텨 무슴 하료.

-「도산십이곡」 1

천석고황泉石膏肓은 세속을 버리고 자연의 품안에서 노닐기 좋아하는 성향을 의미하는 겸양의 표현이다.

이황은 단양 군수로 재임하면서 기생 두향을 만나 사랑을 나누었다.

기생 두향은 떠나는 이황에게 홍매와 백매 두 송이를 선물했다. 홍매는 붉은 마음을 상징한다. 이황은 눈바람 속에서 피는 매화를 좋아했다. 이황의 마지막 숨은 매화에게 갔다.

> 8일 아침에는 매화에 물을 주라고 하셨다. 이날은 개었는데 갑자기 흰 구름이 지붕 위에 모이고 눈이 내려 한 치쯤 쌓였다. 조금 있다가 선생이 자리를 똑바로 하라고 명하므로 부축하여 일으키자 앉아서 돌아가셨다. 그러자 구름은 흩어지고 눈이 개었다.[35]

6

'단성 현감 조식이 상소하다'

수렴청정

|

　　　중종은 성종의 둘째 아들이었으니 충분히 왕 노릇을 할 수 있는 사람이었다. 그러나 자신의 힘으로 왕위에 오르지 못하고 신하들이 주도한 반정으로 왕위에 올랐기 때문에 껍데기 왕이었다. 부인의 거취조차 제 뜻대로 하지 못한 불운한 왕이었다. 반정의 주모자들은 부인 신씨의 폐비를 주장했고 중종은 유구무언이었다.

　권력이냐, 사랑이냐. 반정 7일 만에 신씨가 궁에서 쫓겨나고 장경왕후 윤씨가 비에 오른다. 장경왕후 윤씨는 1515년에 아들을 낳았는데 이 아들이 커서 인종이 된다. 그런데 윤씨는 아들을 낳고 7일 만에 죽는다. 장경왕후 윤씨가 죽고 왕비의 자리에 오른 이가 그 유명한 문정왕후 윤씨다. 문정왕후 윤씨의 남동생이 윤원형이고.

　1544년 11월 중종이 승하했다. 인종은 하늘이 내린 대효大孝로 불릴

만큼 효자였고, 학문을 좋아하는 군주였다. 그런 인종이 왕위에 오른 지 8개월 만에 죽는다. 1545년 7월 인종의 훙薨은 난데없는 비보였다. 세종의 아들 문종이 왕위에 오른 지 2년 만에 죽은 것은 평소 몸이 병약했기 때문이다. 인종은 강건했다. 독살이었다. 누가 인종을 죽였을까?

1545년 인종의 훙과 더불어 낙향한 이가 김인후다. 김인후는 인종의 왕사였고 퇴계와 마음의 대화를 주고받은 어진 선비였다. 그는 고향 장성으로 내려가 후학을 기르며 평생을 은일한다. 인종이 죽고 어린 경원대군이 보위에 오른다. 명종이다. 열두 살의 소년 왕을 대신해 문정왕후가 수렴청정을 한다. 조정의 실권은 자연히 윤원형에게 넘어간다. 또다시 피바람이 불었다. 많은 선비가 역모 죄로 죽고 유배를 떠났다. 을사사화다.

서울을 버리고 시골로 가자. 퇴계의 마음이 귀촌으로 더욱 기울어진 것은 아마도 을사년의 사화 탓이었을 것이다. 하지만 마음대로 되지 않는 것이 현실이다. 선비가 관직을 버리는 일은 대학 교수가 학교를 떠나는 것보다 더 어려운 일이었다. 그래서 퇴계는 외직을 자청했고, 단성과 풍기에서 현감 노릇을 했다. 세월은 유수처럼 빨리 지나간다. 폐허다. 돌아보면 모든 게 삶의 상실이다. 1555년 병을 핑계로 귀향했다. 도망쳐 나온 셈이다. 소년 시절 공부했던 청량산의 산사로 들어갔으니, 을사사화를 겪고 만 10년 만의 일이었다.

'하늘의 뜻이 떠나갔다'

준에게 답한다. 나는 모든 일이 여전하다. 아이들은 외내에서 모두 잘 있다. 나는 산에서 돌아와 전에 온 편지를 모두 보았다. 남명의 상소와 교지를 우연히 보게 되었다. 산중에서는 세상 돌아가는 일을 몰라도 상관없지만 남명의 상소처럼 중대한 일은 기별을 하여라.[36]

퇴계가 아들 준에게 쓴 편지다. 1555년 겨울 어느 날이었을 것이다. 청량산에 있다가 조식의 상소문을 누군가로부터 얻어 본 것이다. 상소문을 읽어 내려가는 퇴계의 가슴은 '경악' 그 자체였을 것이다. 퇴계는 조심스러운 선비였으나 조식은 달랐다. 출사와 처사를 반복하던 퇴계와 달리 조식은 처음부터 출사를 외면했다. 퇴계가 염퇴라면 조식은 유현이다. 퇴계는 명종에게 엎드리고 구구하게 다섯 가지 이유를 앞세워 겨우 일신의 은일을 구했으나 조식은 명종과 명종의 모친 문정왕후를 향해 삿대질을 했다. 삿대질만이 아니었다. 명종을 애비 없는 고아라고 했고 문정왕후를 남편 없는 과부라고 했다. 좀 심하지 않은가?

『조선왕조실록』은 이날의 일을 '단성 현감 조식이 상소하다'[37]라고 전한다. 말은 공손하다. 전하가 단성 현감의 직을 제수하시니 신은 두렵고 불안함이 산을 짊어진 것과 같단다. 과거 공부를 했으나 세 번이나 낙방했고, 도를 제대로 닦지도 못했고, 문장도 좋지 않은 사람을 대단한 인재인 양 잘못 판단하여 기용하게 한다면 이는 전하께 커다란 불충을 저지르는 것이라 현감 자리를 받을 수 없다고 했다. 여기까지는 퇴계와 같다. 이어지는 조식의 상소는 무섭다.

> 전하의 국사가 이미 잘못되었고 나라의 근본이 망하여 하늘의 뜻이 이미 떠나갔으며 인심도 떠난 지 오래입니다.

'하늘의 뜻이 떠나갔다'는 말은 자못 격렬한 비판이었다. 성리학적 세계관에서 천명이 떠났다는 말은 왕의 자격이 상실되었음을 뜻하고 조선왕조가 사직을 지킬 수 없음을 선포하는 것이다. 조식의 표현에 의하면 벌레가 속을 갉아먹어 진액이 다 말라버린 고목이요, 언제 회오리바람과 사나운 비가 몰아칠지 알 수 없는 음습한 형국이란다. 소관은 아래에서 시시덕거리면서 주색이나 즐기고 있고, 대관은 위에서 어물거리면서 재물 불리기에 여념이 없는데, 이런 '개판 5분 전'의 세상에서 이 미천한 몸이 출사한들 무엇을 이루겠냐는 것이 사직의 둘째 이유였다.

명종에게 올리는 사직서의 공손함 속에는 문정왕후와 윤원형을 향한 비수가 번득였다. 권력자들은 이미 백성들의 고통을 아랑곳하지 않은 지 오래되었다. 백성의 재물을 긁어 들이는 일에 혈안인 권력자들, 조식은 그들을 들판에서 날뛰는 이리와 같다고 했다. 조식의 비판은 사적 감정의 분출이 아니었다.

퇴계가 물러섬으로써 선비의 품격을 세웠다면 조식은 강직으로써 선비의 자존을 지켰다. 퇴계가 기다리고 인내하면서 그날을 준비해나갔다면, 조식은 할 말을 하면서 어지러운 세상의 나팔수요, 목탁이길 자처했다. 아무나 목탁이 되는 것은 아니다. 공경과 정의, 두 단어로 자신의 몸과 마음을 닦아왔기에 가능했다. 무엇보다도 조식은 상소 한 장에 목숨을 걸었다.

자전께서는 생각이 깊으시지만 깊숙한 궁중의 과부에 지나지 않으시고, 전하께서는 어리시어 단지 선왕의 한낱 외로운 후사에 지나지 않습니다. 그러니 천백 가지의 천재와 억만 갈래의 인심을 무엇으로 감당해내며 무엇으로 수습하겠습니까?

퇴계의 가슴이 철렁였을 것이다. 아니, 이 양반이 죽으려고 환장을 했나? 임금이 애비 없는 고아요, 대비가 지아비 잃은 과부라고? 예상대로였다. 윤원형은 누나에게 상소문을 흔들면서 고함쳤을 것이고 어머니는 아들에게 호통을 쳤을 것이다. '신료들이란 녹봉은 처먹으면서 임금 알기를 개똥으로 아는 놈들 아닌가? 어서 빨리 족치지 않고 무얼 꾸물대?' 명종, 어려웠을 것이다. 임금에게 직언을 했으니 이것이 충이란다. 그런데 임금의 어머니를 욕보였으니, 어찌하랴. 조식의 목이 10개였다면 하룻밤에 열 번 날아갔을 것이다. 이것을 예상하지 않은 것이 아니다.

예고된 내우외환

목을 내놓고 말을 해야 할 만큼 문정왕후의 섭정 10년은 썩을 대로 썩었던 것이다. 홍명희는 소설 『임꺽정』에서 윤원형의 치부를 이렇게 고발했다.

원형이 벼슬장사에 불과 오륙 년간에 긁어모은 재물이 벌써 일국의 으뜸이었다. 서울 안에 있는 큰 집이 열여섯 채요, 팔도에 널려 있는 전답이 만여 두락이요, 종이 백여 명 외에 나가 살며, 몸세 바치는 종이 사오백 명이요, 시골 각처에 나눠놓은 소가 칠팔백 필이요, 집안에 쌓여 있는 상목常木이 팔구천 동이요, 다락과 벽장에 능라주단과 금은보옥이 쌓여 있다. 원형은 오히려 더 부족하여 북경 사신 편에 중국 비단을 사들이고 동래 왜관에서 왜국의 은을 사 올렸다.[38]

"장수로서 적합한 사람이 없고 성에는 군졸이 없게 되었습니다. 그러니 적들이 무인지경에 들어오듯이 들어온 것이 어찌 괴상한 일이겠습니까." 조식의 상소 한 귀퉁이에 적혀 있는 1555년의 정세는 왜구가 전라남도 강진과 진도 일대를 노략질한 을묘왜변을 묘사하고 있다. 장수가 없고 군졸이 없단다. 국방 시스템이 무너진 것이다. 땅 없는 양민이 차라리 권문세족 밑으로 들어가 노비가 되는 것이 더 나은 형국이었다. 군역을 책임질 양민층이 와해된 시대였다. 임진왜란은 예고된 비극이었다.

올 것이 왔다. 터질 것이 터졌다. 천명이 이미 떠났다는 조식의 상소는 그냥 뱉은 불평이 아니었다. 양주의 거한 임꺽정의 분노가 터졌다. 임금은 대신에게 꺽정을 잡아오라 명령하고, 대신은 지방관에게 꺽정을 잡아오라 다그쳤지만 만날 허탕만 쳤다.

도적은 구월산 청석골에 숨어 있지 않았다. 도적은 한양의 경복궁에 숨어 있었다. 도적은 임꺽정이 아니라 윤원형이었다. 『조선왕조실록』은 논한다. "도적이 성행하는 것은 수령의 가렴주구苛斂誅求 탓이다. 또 수령의 가렴주구는 재상이 청렴하지 못한 탓이다. 재상들은 제 뱃속 채우기에 바쁘다. 그러니 수령들은 돼지와 닭을 마구 잡는 등 백성의 고혈膏血을 짜내기 바쁘다. 곤궁한 백성들은 하소연할 곳이 없으니, 도적이 되는 것이다." 잡았다! 군졸들은 함성을 질렀다. 그런데 잡아와 대질해보니 임꺽정이 아니었다.[39] 『조선왕조실록』은 논한다. "윤원형은 외척이다. 대도大盜는 윤원형이다."

율곡 이이, 그는 운동가였다

구도장원

|

　　구도장원 이이. 소과든 대과든 과거 시험에 합격하기가 하늘의 별 따기였던 그 시절, 전체 합격자 중 수석으로 합격한다는 것은 천재가 아니고서는 이룰 수 없는 성취였다. 그런데 율곡 이이는 아홉 번이나 수석의 영예를 차지했단다. 혀를 내두를 일이 아니다. 무슨 시험을 아홉 번이나 봤담? 의문을 품어봄 직도 하다. 하지만 그 시절 과거제도를 잘 모르는 입장에서 아홉 번이나 시험을 치렀던 율곡의 자취를 해명하기 쉽지 않다. 1970년대의 본고사와 예비고사, 1980년대의 학력고사, 1990년대의 수학능력시험, 2000년대 갈라지기 시작한 정시 논술과 수시 논술에 대해서 각각의 차이를 500년 전의 선조가 설명할 수 없듯이, 500년 전의 선조들이 치르던 과거 시험의 세부 사항에 대해 우리도 까막눈이다.

율곡 이이가 문과에 급제한 것은 1564년 그의 나이 29세의 일이다. 26세에 부친상을 당하여 여막살이 3년 동안 시험공부에 매진했던가 보다. 율곡은 그해 7월에 실시된 생원시와 진사시, 두 소과 시험의 초시와 복시에서 모두 수석의 성적을 냈다. 사도장원이다. 이어 8월에 치러진 문과 시험의 초시, 복시, 전시 세 차례의 시험에서 내리 수석을 했다. 칠도장원이다. 찍은 문제가 시험에 나올 수 있다. 운이 좋아 수석을 하는 경우가 종종 있다. 그런데 일곱 번의 시험에서 내리 수석을 차지했다는 것은 아무나 낼 수 있는 성적이 아니다. 실력이 가져다준 필연의 결과라고 보아야 한다. 동급생들이 도달한 공부의 수준과는 비교할수 없이 높은 경지에서 율곡은 놀고 있었던 것이다. 13세의 소년 시절율곡은 연습 삼아 진사시 초시를 치러 합격한 적이 있다. 또 1558년(명종 13년)에 치러진 별시의 초시에 응시하여 장원으로 합격한 전과가 있다. 그래서 사람들은 율곡에게 구도장원이라는 별명을 붙여주었다.

율곡의 천재성이 남몰래 흘린 땀의 결과물이었는지, 하늘로부터 품수받은 선물이었는지, 어느 쪽인지 모르겠다. 중요한 것은 천재 역시사회적 존재라는 사실이다. 천재의 역량을 부여받았으나 사리사욕에눈이 어두워 그 좋은 머리를 곡학아세에 악용한 경우가 역사에 어디 한둘이던가? 남보다 더 많은 일을 해낼 수 있는 두뇌를 가지고 있다는 것은 개인의 안위를 버리고 자신이 속한 나라와 인류를 위해 남보다 더많은 고생을 해야 함을 의미한다.

서경덕과 조식은 숨어 살았다. 공부하고 제자들을 키우며 살았다. 은일이다. 선비 정신의 꽃을 피운 것이다. 조선의 선비 정신은 단아하고 고결했으나 선비들 모두가 청렴하고 검소한 삶을 살았던 것은 아니었다. 아니, 대다수의 선비가 그 반대의 삶을 살았다. 젊은 나이에 뜻을 세우고 공부를 하던 성균관 학생 시절만 하더라도 선배들을 씹었다. 임금이 주는 녹을 먹으면서 바른 소리 한 번 못하고 주어진 현실에 안주한다고 틈만 나면 목소리 높여 선배들을 비판하던 시절이 있었다.

그놈의 시험이 문제였던가. 대과에 급제하고 나서 임금에게 영광의 홍패를 받고 머리에 어사화를 꽂고는 신고식[40]을 치르던 그날부터 권력의 달콤함에 빠져들었다. 선배들이 그랬다. 경복궁 담장 안은 왕권을 앞세워 백성을 호령하는 곳이나 경복궁 담장 밖은 감옥이요, 유배요, 사약이라고. 하룻밤 사이에 황천 가는 것이 사대부의 인생이니, 보아도 보지 않은 척, 들어도 듣지 않은 척하면서 입 조심하라고, 선배들은 신고식을 치르던 그날 밤부터 주문했다. 많은 선비가 사라졌다. 연산군대의 무오사화와 갑자사화, 중종대의 기묘사화, 명종대의 을사사화. 네 차례의 피바람이 불자 이 땅에 공자의 이상을 구현해 태평성대, 대동 세상을 만들려던 선비들이 자취를 보이지 않게 되었다.

개혁 강령

1564년 문과에 급제한 율곡 이이가 정6품 호조 좌랑에 임명되어 관료 생활을 시작하던 때가 그랬다. 1545년 을사사화로 젊은 선비들을 몰아내고 권력을 틀어쥔 능구렁이 윤원형이 여전히 경복궁에

 또리를 틀고 있었다. 율곡은 달랐다. 조광조가 그랬듯이 율곡은 윤원형에게 직격탄을 날렸다. 1565년 율곡은 국가를 병들게 하고 백성을 도탄에 빠뜨린 원흉이 윤원형이라고 직소했다. 1566년 명종에게 '시무삼사時務三事'를 상소했다.[41]

 율곡은 서경덕의 은일을 흠모했으나 서경덕과 달리 개혁의 길을 걸었고, 율곡은 조광조의 도학 정치를 흠모했으나 조광조와 달리 개혁의 대안을 제시했다. 율곡의 모든 상소는 현실의 문제를 고쳐나가려는 열정과 고민, 문제를 해결하려는 대안으로 가득 찼다.

 1567년 선조가 16세의 나이로 보위에 올랐을 때 율곡은 세상을 바꾸겠다는 열정으로 가득 찬 32세의 젊은 개혁가였다. 1569년 율곡이 선조에게 지어 올린 『동호문답』은 율곡의 야심만만한 개혁 강령을 담았다.

> 동호의 손님이 주인에게 물었다. "옛날이나 지금이나 어떻게 하면 다스려지고 어떻게 하면 어지러워집니까?"[42]

율곡은 단도직입적으로 치국평천하의 방도를 묻는다. 율곡이 살았던 1570년대는 1970년대가 아니다. 1970년대 뜻있는 대학생들은 독재자를 몰아내고 민주주의를 이루길 바랐다. 학생들은 제적을 당하고 감옥에 갔다.

1570년대 성균관의 유생들은 달랐다. 그들에게 왕은 타도의 대상이 아니라 교화의 대상이었다. 먼저 선비부터 성학을 닦고 마음을 닦는다. 다음에 왕을 잘 보살펴 성인의 경지에 오르게 한다. 철인왕을 만드는 것, 이것이 조광조와 율곡을 비롯한 유생이 세상을 바로잡고 대동 세상을 실현하는 전략이었다. 고리타분한 생각이라고 비웃지 말자.

> 주인이 답했다. "임금의 재주와 지혜가 남보다 뛰어나서 호걸들을 잘 부린다면 세상은 다스려질 것이고, 임금의 재주는 부족하여도 어진 자에게 나라를 맡긴다면 세상은 다스려질 것입니다. 반대로 임금이 자신의 총명을 과신해서 신하들을 믿지 않으면 세상은 어지러워질 것이고, 간사한 아첨꾼을 과신하여 임금의 눈과 귀가 가려지면 세상이 어지러워질 것입니다."[43]

임금의 재주와 지혜가 뛰어난 경우는 태종과 세종을 말한다. 임금의 재주는 부족하여도 어진 자에게 나라를 맡기면 된다고 했는데, 재주가 부족한 임금은 선조이고 어진 자는 율곡이다. 선조가 치국평천하를 이루는 길, 간단하다. 율곡과 같은 검증된 인재에게 나라를 맡기는 것이다. 신하를 믿지 않은 왕은 연산군이고, 간사한 아첨꾼은 윤원형이다. 선조, 너 뭐가 될래?

손님이 물었다. "하은주 삼대의 태평성세를 오늘날 실현할 수 있습니까?" 주인이 답했다. "실현할 수 있고말고요." 손님이 입을 크게 벌리며 웃었다. "말씀이 지나치십니다." 주인이 답했다. "오늘 왕도 정치를 행할 수 있는 유리한 두 가지 조건이 있고, 불리한 두 가지 조건이 있습니다. 첫 번째 유리한 조건은 성스럽고 밝은 임금이 있다는 것이요, 두 번째 유리한 조건은 권력을 남용하는 간신이 없다는 것입니다. 첫 번째 불리한 조건은 선비들의 정신이 침체되어 있다는 것이요, 두 번째 불리한 조건은 선비의 사기가 심하게 꺾여 있다는 것입니다."[44]

매우 정치적인 발언이다. 선조의 입맛을 돋우고 동료들을 고무하는 계산된 발언이다. 성스럽고 밝은 임금은 선조를 말하고, 권력을 남용하는 간신은 윤원형이다. 한번 팔을 걷어붙이고 일을 해볼까? 중요한 것은 불리한 두 가지 조건이다. 몇 차례의 사화로 선비 정신이 너무 침체되어 있고 세상을 개혁하고자 분투하는 기상이 꺾여 있다는 것이다. 율곡이 물려받은 현실이었다. 이를 어쩐담? 개혁의 객관적 조건은 유리한데, 개혁의 주체가 무너졌어. 무사안일, 복지부동에 익숙한 선조의 신료들, 어떻게 해야 하나?

손님이 물었다. "불리한 조건이 이러한데 선생은 무얼 믿고 태평성대를 이룰 수 있다 장담하는 겁니까?" 주인은 답했다. "변혁에 있어서 중요한 것은 때가 아니라 사람입니다. 때는 군주가 만드는 것입니다. 만약 우리 임금께서 떨쳐 일어나 도를 회복한다면, 침체된 선비 정신도 되살아나고 선비의 사기도 회복될 겁니다."[45]

조선은 왕의 나라다. 왕이 결심하면 신하들도 결심할 것이다. 왕이 위민 정치를 펼치겠다고 뜻을 세우면 신하들도 모두 왕을 따라 위민 정치를 펼칠 것이다. 율곡이 보기에 개혁은 간단했다. 왕이 마음먹기에 달려 있다. 왕이시여, 왕이 바람을 일으키면 풀은 따라 눕는 법이오. 선비의 사기를 진작시키시고, 도학을 숭상하도록 하시오. 지성이면 감천이라. 신은 하늘에서 감동하고, 백성은 땅에서 따를 것이라.

손님이 물었다. "선생은 잘못된 법을 혁파하여 백성을 구해야 한다고 하셨습니다. 무슨 법을 고쳐야 합니까?"[46] 주인은 답했다. "첫째, 백성들은 군역이 무거워 도망을 칩니다. 그런데 수령들은 그 일가 친족들을 연좌제로 묶어 괴롭히고 있어요. 연좌의 폐해를 없애야 합니다. 둘째, 백성들은 공물 때문에 뼈골이 빠지고 있습니다. 공물의 폐해를 잡아야 합니다. 셋째, 백성들은 공물을 구하지 못하여 업자들을 통해 대신 공물을 바치고 있습니다. 방납의 폐해를 없애야 합니다. 넷째, 백성들 간에 신역이 불공평합니다. 신역의 불공정을 바로잡아야 합니다. 다섯째, 뇌물로 관직을 사고, 뇌물로 옥사를 농간하는 폐를 없애야 합니다."[47]

뜻이 없는 왕

선조를 향한 율곡의 충정은 대답 없는 짝사랑이었다. 선조는 영특한 왕이었다. 율곡만큼 총명하진 못해도 율곡의 진언을 알아들을 정도의 학식을 구비한 왕이었다. 율곡이 진언을 하면 선조는 잘도 대꾸했다. 그런데 선조의 대답엔 진정성이 없었다. 율곡의 표현에 따르면 뜻이 없는 왕이었다. 제법 배운 것이 많기에 신하들과 대화할 수 있는 식견을 보유한 왕이었다. 그런데 선조는 눈물 젖은 밥을 먹은 적이 없는 왕이었다.

선조는 율곡이 조급하다고 보았을 것이다. 너무 급진적이라고 판단했을 것이다. 너무 진지하고 너무 엄격한 선비라고 여겼을 것이다. 뜻대로 세상이 굴러가지 않으며 말대로 세상이 변화되지 않는다는 평범한 이치를 모르는 요령 없는 개혁가라고 단정했을 것이다.

1570년 퇴계 이황이 죽고, 1572년 남명 조식이 죽고, 같은 해 고봉 기대승이 죽었다. 이제 무너져가는 고가의 기둥을 다시 세우고 지붕을 다시 얹어야 하는 개조·개혁의 임무가 오로지 율곡의 어깨에 걸렸다. 그렇게 율곡은 10년 동안 줄기차게 간언했건만 선조는 단 한 건의 개혁도 추진하지 않았다. 처음에는 어려서 그러려니 생각했으나 이제 선조의 나이 25세였다. 세종은 그 나이에 자신의 뜻을 펼치지 않았던가? 가장 정력적으로 일할 나이였던 선조. 하지만 아무런 개혁도 하지 않았다. 1576년 율곡은 사직하고 고향 파주로 내려갔다. 그렇게 선조의 무사안일 속에서 임진왜란의 참극은 한 발 한 발 다가오고 있었다.

역사학자 한영우의 평가에 의하면 임진왜란 이후 300년의 역사는 율곡의 학문과 개혁안을 배우고 실천하는 역사였다.[48] 율곡이 강조한 공납 개혁은 대동법大同法으로 구현되었다. 군정의 개혁은 균역법均役法으로 실현되었다. 서얼 차별에 대한 율곡의 비판은 서얼의 진출을 허용하는 서얼허통庶孽許通으로 반영되었다. 노비를 양인으로 속량해야 한다는 율곡의 주장은 영조의 종모법從母法으로 실현되었다.

당쟁, 어떻게 볼 것인가

어차피 권력투쟁은 있기 마련이다. 왕위를 세습하는 것은 불합리하며 적장자에게 세습하는 것은 더더욱 불합리하다. 왕위 계승의 불합리한 시스템은 왕위 계승 과정에서 숱한 사고를 낳는다. 따라서 아들이 아버지를 보위에서 밀어내든 동생이 형의 세자 위를 빼앗든 우리가 왈가왈부할 일이 아니라고 나는 생각한다.

조선왕조는 유럽의 절대왕정과 달리 왕권과 신권의 협의에 의해 국가의 중요 대소사가 결정되었다. 태종이나 세조처럼 왕권이 신권을 압도했던 시절도 있었지만 대부분의 시기에는 신하가 상소를 올리면 왕이 윤허 여부를 표하면서 협의에 의한 정치가 이루어졌다. 이런 조건에서 왕과 신하들 간의 힘겨루기는 필연적이었다. 조선의 문과를 통과한 사대부들이 어떤 자들이었던가? 그중에는 성삼문이나 조광조처럼 우직한 선비들도 있었겠으나 한명회나 이이첨 같은 권모술수의 천재들도 있었다. 사서오경을 앞세워 임금을 가르치려 드는 선비들, 온갖 잔머리를 동원하여 임금을 옭죄는 모사들에 의해 사방팔방 포위되어 있었던 게 조선의 왕이었다. 연산군의 폭정이나 이어지는 중종반정도 이런 구조에서 나온 비극이 아니었을까.

동서 분당에 대해서도 생각해보자. 흔히 김효원과 심의겸이 이조 전랑 자리를 둘러싸고 다투면서 동서 분당이 비롯되었다고 하지만 분당이 분쟁으로 치달았던 것은 정여립 옥사가 아니었을까? 그런데 정여립 옥사의 진행 과정을 보면 동인을 치도록 정철을 부추긴 선조의 입김이 느껴진다. 선조대 경복궁을 장악한 지배 정파는 동인이었다. 동인이 다수파 집권 여당이었고 서인은 집권 세력을 비판하는 소수파 야당이었다. 흉년이 오면 지주들이 미소를 짓듯이, 역모 사건이 터지면 왕이 미소를 짓는다. 흉년이 들면 농민들이 제 발로 땅문서를 들고 오기 때문이며, 역모 사건이 터지면 선비들의 목숨이 파리 목숨이 되기 때문이다. 손에 물 한 방울 묻히지 않고 설거지를 하는 것이다. 정여립 옥사를 보면 소수파 서인을 앞세워 다수파 동인을 제압하려는 선조의 음모가 느껴진다. 두 패의 분열과 다툼을 가장 잘 활용한 왕이 선조가 아니었을까?

왕권이 신권과 긴장 관계에 있고 신권 내부에 집권 당파와 반대 당파가 존재했던 조선왕조에서 당쟁은 자연스러운 정치 현실이었다. 당쟁에 대하여 말이 많은데, 물어보자. 인류 역사상 당파의 투쟁이 없었던 나라가 단 하나라도 있었던가? 고대 그리스 아테네에선 민중 진영의 페리클레스가 귀족 진영의 키몬과 투쟁하여 권력을 잡았다. 고대 로마에선 카이사르가 폼페이우스를 죽였고 브루투스가 카이사르를 죽였다. 안토니우스는 다시 브루투스를 죽였고 클레오파트라에게 빠진 안토니우스를 다시 옥타비아누스가 죽였다. 이어지는 로마 제정 시대, 단 한 번이라도 황제와 장군들 간에 투쟁이 없는 시기가 있었던가?

권력을 놓고 두 패로 나뉘어 다투는 것은 음양의 법칙처럼 자연스러운 현상이다. 사림파가 동인과 서인으로 갈렸다. 무엇이 문제인가? 동인이 남인과 북인으로 갈렸다. 무엇이 문제인가? 서인이 노론과 소론으로 갈렸다. 무엇이 문제인가? 하나는 둘로 나뉜다. 음과 양이 한 번씩 교체하는 것은 만고불변 자연의 이치라고 『주역』은 말하지 않았던가?

정치에서 가장 문제가 되는 것은 오히려 일당독재다. 조선은 당쟁 때문에 무너진 것이 아니라 당쟁의 부재로 인하여 무너진 것이 아닐까라고 나는 생각한다. 집권당이 있으면 반대당이 있어야 한다. 집권당이 정책을 집행하면 반대당은 그 정책을 비판하는 것이다.

무엇이 문제인가? 통치 철학이 없는 당파들이 우글거리는 게 문제다. 역사에 대해 한 번도 깊이 성찰한 적이 없는 사람들이 금배지 때문에 정계에 들어서고 민생에 대해서 한 번도 깊이 연구한 적이 없는 사람들이 연줄로 금배지를 다는 요즘 정치보다는 500년 전 조선 사대부들의 당쟁이 수준 높았다. 그들은 사서오경의 고전으로 무장했고 왕이 제출하는 당대의 문제에 대해 '대책'이라는 논문을 작성한 실력자들이었다. 통치 철학의 측면에서만 고찰한다면 동인과 서인은 비교적 높은 수준의 철학으로 단련된 정파들이었다.

동인의 영수 퇴계는 주자의 사상을 충실히 따르는 주자주의자였다. 퇴계는 주자의 주리론主理論을 승계했다. 주리론 정신을 강조한다. 외침을 당했다거나 곤궁한 삶을 견뎌야 하는 소외된 처지의 선비에게는 긍정적 이념이 될 수 있다. 그 어떤 적이 침략하여 강토를 유린하더라도 외적과는 타협하지 않는 절개가 주리론에서 나온다. 또 왕과 다투다 유배를 가더라도 신조를 굽히지 않는 기개가 주리론에서 나온다. 살고 죽는 것은 한 가지이나 사람으로 태어나 천리를 버리면 무슨 존재 이유가 있을까?

그런데 주리론으로 무장한 선비가 집권층이 되면 부정적 측면이

노출된다. 세상에는 두 부류의 인간이 있는데, 한 부류의 인간은 하늘이 품부해준 이理를 아는 사람이요, 다른 한 부류의 사람은 이를 모르는 사람이다. 한족이 이를 아는 민족이라면 만주족은 이를 모르는 오랑캐이고 선비가 이를 아는 사람이라면 좋은 이를 모르는 사람이다. 같은 유자들 중에도 이를 추구하는 대유大儒, 군자유君子儒가 있다면 이를 추구하지 않는 소유, 소인배가 있다.[49]

권력과 출세를 탐하는 동료 선비들이 퇴계에겐 죄다 속물들로 보였을 것이다. 퇴계의 입장에서 권력의 꼭대기에 오르는 것밖에 모르는 소유들의 꿈을 버리는 것은 너무 당연하다. 주리론은 원리적으로 대단히 위험한 엘리트주의를 안고 있었다. 성현의 경지에 오른 사람만이 통치를 해야 한다는 생각은 백두혈통만이 통치자의 자격이 있다는 생각만큼 반동적이다.

퇴계의 동인과 경합했던 율곡의 서인은 어떤가? 율곡은 주자의 철학을 받아들이되, 조선의 현실에 맞게 변용하기 위해 부단히 노력한 사람이다. 또 퇴계의 반대편에 있었던 서경덕의 주기론主氣論을 포용하려고 노력한 사람이다. 그래서 퇴계의 주리론을 이기이원론理氣二元論이라고 한다면 율곡의 이론을 이기일원론理氣一元論이라 한다. 퇴계의 이는 너무 순수하여 더러운 기와 섞일 수 없다不相雜. 반면 율곡의 경우 이와 기는 서로 의존하는 관계에 있다. 이가 전 우주에 두루 통하는 보편적 원리라면 기는 사물의 존재를 가능케 하는 개별적 실재다理通氣局. 율곡은 이와 기를 나누어 보려는 퇴계의 사유를 존중하면서도 어떻게든 이와 기의 상호의존성을 강조하려고 노력한다.

율곡의 철학이 정치 현실에 적용되면 어떻게 될까? 주기론의 서경덕만큼 혁명적이거나 파격적이지는 않다. 이와 기의 두 실체를 인정하기 때문이다. 사대부와 종은 다른 신분이며, 종은 사대부에게 복종해야 한다. 하지만 율곡은 종들의 삶에 좀 더 다가간다. 농민의 삶에 좀 더 다가가고, 서얼의 불우한 현실에 좀 더 다가간다. 크게 보아 퇴계가 보수라면 율곡은 진보였다. 주자의『심경』과『근사록』이 동인의 교과서였다면 율곡의『격몽요결擊蒙要訣』과『성학집요聖學輯要』는 서인의 교과서였다. 율곡은 조선적 특색을 살린 성리학자였다. 동인과 서인의 분당과 긴장은 초기엔 제법 볼 만한 경합 관계였다.

문제는 무엇이었을까? 나는 조선 당쟁사에서 가장 근원적인 문제점을 누구 하나 나서서 자신이 소속된 당파의 오류를 인정하고 반성하지 않았다는 데서 찾고 싶다. 나의 정파가 구성원들의 사익을 챙겨주는 깡패 집단이 아니라 한 나라의 운명을 책임지기 위해 결성된 공당이라면, 중요한 것은 당파의 이익이 아니라 나라와 백성의 공익이다. 공익을 앞세우고 사익을 뒤로하는 선공후사가 유가의 기본이지 않는가? 인간은 숙명적으로 오류를 저지르는 존재다. 그 인간들이 모여서 정치적 판단을 내리는데, 어찌 오류를 범하지 않겠는가? 잘못을 범했으면 잘못을 인정하고 반성해야 한다. 이것이 공익을 추구하는 공당의 태도다. 잘못을 인정하길 꺼린다는 것은 아직도 사익으로부터 자유롭지 않음을 의미한다.

보자. 동인의 김성일과 서인의 황윤길은 일본에서 똑똑히 보고 왔다. 황윤길은 일본의 침략 가능성을 주장했고, 김성일은 외침 가능성을 부인했다. 사태는 터졌다. 누가 나라를 기만하고 백성을 속였나? 선조 41년의 통치기는 대부분 동인이 집권했다. 누가 책임져야 했는가? 임란이 터지기 이전에 그렇게 오랫동안 율곡은 조선의 갱장을 요구했다. 누가 반대했나? 왜 반성이 없는가? 나는 이것이 문제라고 본다. 그것은 자존심이 아니다. 똥고집이다.

병자호란이 터졌다. 누가 책임져야 했나? 주화파 최명길도 아니고, 주전파 김상헌도 아니다. 서인 모두의 책임이다. 그들은 명과 청 사이에서 중립 외교를 펼친 광해군을 끄집어내린 정파다. 서인은 명나라를 배신하고 금나라를 섬긴다는 이유로 광해군을 끌어내렸지 않았는가? 책임 있는 외교 정책 하나 없었다. 과문한 탓인지 모르겠으나, 인조반정의 후예들 중 어느 한 선비가 시시비비를 가리고 반성하는 경우를 아직 보지 못했다. 왜 인조가 병자호란의 치욕을 겪게 되었는지, 누구의 판단 착오였는지.

당쟁을 할 수 있다. 당파적 이해에 휩쓸려 오류를 범할 수도 있다. 하지만 솔직해야 한다. 백성을 기만하는 당은 당이 아니다. 반성하지 않는 정당에 나라의 운명을 맡겨선 안 된다.

Tip 2

『춘향전』의 불편한 진실

"조선시대 숙종 임금이 나라를 다스리던 때 전라도 남원 고을에 월매라는 기생이 있었다"로 시작되는 『춘향전』은 이어 빠른 속도로 전개되어 선남선녀의 미팅을 보여준다. 음력 5월 5일 단옷날 남원 사또의 아들 이몽룡이 봄 경치를 구경하러 광한루에 나갔다가 그네 타는 춘향을 보고 한눈에 반한다. 그때 춘향의 나이 열여섯이었다. 몽룡은 아버지를 따라 한양으로 올라가고 춘향은 변 사또의 수청 들기를 거절하여 옥에 갇힌다. 그러다 마침내 이몽룡이 "암행어사 출두요"를 외치면서 춘향을 구한다는 이야기. 탐관오리를 징치하는 이몽룡을 보면서 독자들은 정의의 주먹을 불끈 쥐고 신분의 벽을 뛰어넘는 사랑을 나누는 두 청춘에게 선망의 눈길을 보내는데……. 여기에서 독자들이 놓치고 지나가는 게 하나 있다.

몽룡이 과거에 장원급제했다는데, 도대체 몇 살에 과거 급제를 했을까 묻고 싶다. 한국 사람들은 장원급제 이야기를 쉽게 하는데, 과거 급제, 이거 장난이 아니다. 서울로 간 몽룡이가 문과에 급제하려면 먼저 소과의 문턱을 넘어서야 한다. 소과에는 경전을 암송하는 생원시와 문장을 짓는 진사시, 두 종류가 있다. 그런데 소과를 우습게 알면 큰 코 다친다. 지방과 서울 각처에서 치르는 초시에서 뽑힌 700명의 합격자가 한양에 올라와 복시를 치른다. 생원과 진사 각과의 최종 합격자는 각 100명이다. 7대 1의 경쟁을 뚫어야 하는 만만치 않은 시험이 소과였다. 조선왕조 500년 동안 소과 합격자가 대략 4만 8000명이었는데 그중 문과 대과를 통과한 사람은 고작 6퍼센트. 94퍼센트의 소과 합격자는 합격 증서인 백패를 몸에 지니고 평생을 황 진사, 김 생원으로 살았다.

열여섯의 나이에 서울로 올라간 우리의 몽룡이가 만 4년 만에 7대 1의 관문을 뚫고 소과에 합격했다고 치자. 3년에 한 번 치르는 식년시에 전국의 양반 자제들이 몰려들어 200인 안에 들었으니, 대단한 성적임에 틀림없다. 지금부터다. 대망의 문과 대과에 합격하려면 멀고도 험한 길을 걸어야 한다. 먼저 성균관에 입학한다. 성균관에 300일 이상 등교하면 대과 시험에 응시할 자격이 주어지지만 이것으로는 어림없다. 성균관에 입학하고 최소 10년을 공부해야 합격할 수 있는 게 대과 시험이다. 시험의 천재 율곡 이이야 29세에 장원급제했지만 1000원짜리 지폐의 주인공 이황이 대과에 합격한 것은 34세 때의 일이다. 사단칠정론四端七情論을 놓고 이황과 서신으로 논쟁한 호남의 기린아 기대승이 문과 대과를 통과한 것이 32세 때의 일이요, 조선의 대학자 정약용이 문과 대과를 통과한 것이 28세 때의 일이다. 물론 유성룡처럼 어려서부터 지독하게 공부하여 20대 중반의 나이에 급제한 이들도 더러는 있지만 과거, 이거 만만한 시험이 아니다. 과거 시험을 쉽게 알면 조선왕조의 시스템을 영원히 모르게 된다. 10년 공부 도로아미타불이 아니라 평생 공부 도로아미타불인 선비들이 부지기수였다. 정약용의 제자 이학래는 과거에 낙방하여 나이 70에 자살하지 않았던가?

문과 대과 시험은 세 차례에 걸쳐 치러진다. 초시에서 330인의 합격자를 뽑는다. 지방에서 240인, 한양에서 90인. 이제부터가 힘들다. 초시 합격자 330명이 치열한 경쟁을 뚫고 33인 안에 들어야 한다. 무려 10대 1의 경쟁인 것이다. 경쟁률이 4대 1이라면 식년시를 평균 두 번 치러야 합격한다는 이야기이고, 경쟁률이 10대 1이라면 식년시를 평균 다섯 번 치러야 합격한다는 이야기다. 그래서 46세에 합격하는 권율 같은 분이 나오는 것이다. 세 번째 치르는 전시는 임금 앞에서 보는 시험이다. 이 시험에서는 순위가 결정된다. 상위 세 명이 갑과 합격자이고 그다음 상위 일곱 명이 을과 합격자이며 나머지 23명이 병과 합격자다. 장원급제란 갑과 합격자 3인 중 수석을 말한다.

이러니 몽룡이의 장원급제 이야기를 듣고 나는 코웃음을 칠 수밖에 없는 것이다. 보자, 『춘향전』에는 변 사또가 몽룡의 부친 다음에 내려온 후임이라고 한다. 조선시대 지방관의 재임 기간은 특별한 시기를 제외하고 3년이었다. 그렇다면 몽룡이가 서울에 올라간 지 3년 만에 문과에 급제했다는 소린데, 이것은 불가능한 일이다. 과거가 운전면허 시험인 줄 아는가?

Tip 3

당당한 부인, 송덕봉

내 어머니의 어머니는 어찌 사셨을까? 날 낳으시고 키우신 어머니는 매사에 조신하고 정숙하셨다. 어머니는 먼 데서 친척이 오면 옛이야기를 나누며 밤을 새웠다. 길 가는 연탄 장수를 집에 모셔와 점심밥을 해 먹이고도 섭섭하여 헌 옷 한 벌을 더 입혀 보냈던, 정이 많았던 어머니. 어머니의 품성이 인자했던 것은 어머니의 어머니가 또 그러했기에 가능한 일이었으리라. 그런데 우리의 역사엔 어머니의 음성이 들리지 않는다. 여인의 기록이 없다. 기록이 없으면 역사는 없다. 동양이나 서양이나 역사는 그의 역사History, 즉 남성의 역사였지, 그녀의 역사Herstory, 즉 여성의 역사가 아니었다.

1500년대를 살아간 숱한 여성의 얼굴을 떠올리기 쉽지 않다. 다행히 5만 원권 덕택에 우리는 신사임당을 떠올린다. 신사임당의 이름은 신인선이다. 현모양처의 대명사 신사임당은 율곡의 제자들이 만든 또 다른 이미지인지도 모른다. 신사임당은 현모양처이기 이전에 조선을 대표하는 여성 예술가였다. 그녀의 글과 그림은 일류였다.

현모양처 신사임당은 시집살이를 모른 여인이다. 글과 그림에 묻혀 살았다. 남편 이원수와 결혼하고서도 아버지와 함께 친정에서 살았고, 강릉 오죽헌에서 율곡을 낳았으며, 친정어머니와 함께 살

왔다. 여자가 결혼을 하면 당연히 남편 집에 가서 시어머니를 모시고 사는 것은 후대에 이르러 정착된 관습이었다.

1500년대를 살았던 여인들 중 신사임당의 반대편에 황진이가 있다. 신사임당이 사대부 집안의 예법에 따라 살아간 품격 높은 여인이라면 황진이는 자유로운 여인이었다. 당대의 가객이자 정인情人이었던 이사종과 계약 동거를 했다. 3년 동안 황진이가 이사종의 집에 들어가 살고 3년 동안 이사종이 황진이의 집에서 살기로 했다. 약속했던 6년이 흘렀다. 황진이는 거침없이 떠났다.

신사임당의 정숙함과 황진이의 당당함을 고루 갖춘 여인이 있었다. 송덕봉이다. 송덕봉(1521~1578)은 미암 유희춘(1513~1577)의 부인이다. 유희춘은 18세에 과거에 급제한 문신이었지만 남명 조식처럼 문정왕후의 권력 남용을 좌시하지 않은 줏대 높은 선비였다. 여왕에게 대들었으니, 갈 길은 뻔하다. 유배의 길이다. 그런데 좀 길었다. 19년 동안 함경북도 골짜기에 처박혔다. 함경도 종성이면 1000리가 넘는 길이다. 그 먼 길을 송덕봉은 걸었다. 3년 동안 유희춘의 어머니상을 치르고 이번에는 남편을 돌보기 위해 걸었다.

마천령 고개 위에서 읊다

가고 가고 마침내 마천령에 이르니
동해는 끝이 없고 거울처럼 반질하도다
만 리의 먼 길 부인이 무슨 일로 왔는가
삼종의 의리는 무겁고 이 몸은 가벼운 법

어려선 아버지를 따르고, 커선 남편을 따르고, 늙어선 아들을 따르는 것, 이것이 삼종三從의 의리다. 여성의 종속적 삶을 이르는 말이다. 시대가 여인에게 요구한 법도에 따라 송덕봉은 할 일을 다한 여인이었다. 그러면서 할 말을 다한 여인이기도 했다.

화무십일홍花無十日紅이요, 권불십년權不十年이라고 했던가. 명종이 죽고 선조가 보위에 올랐다. 경복궁은 사림의 천지가 되었다. 유희춘이 권력의 사다리를 타고 빠르게 오른 것은 당연했다. 남편의 직책이 오르면 부인의 칭호가 달라진다. 정3품 당상관은 영감이고, 정2품 판서는 대감이다. 남편이 당상관에 오르면 부인은 영감 마님이 되고, 남편이 판서에 오르면 부인은 대감 마님이 된다. 정부인이다. 남편의 지위에 따라 곳간에 들어오는 선물이 다르다.

그런데 송덕봉은 달랐다. 오히려 남편에게 충고한다. 까짓 살면 얼마나 사느냐. 경복궁 눈칫밥 그만 먹고 내려오란다. "초당에 물러나 건강을 돌보심이 어떠한지요. 벼슬은 사양할 수 있다고 일찍이 약속했잖아요. 뜰에서 달 보며 돌아오는 날 기다립니다." 1571년 미암이 대사헌에 제수되어 집에 편지를 보냈다. 도리어 덕봉은 남편에게 벼슬에서 물러나 건강을 돌보라고 권유하고 있다. 대단한 여인이다.

유희춘이 부인에게 편지를 썼다. 넉 달 동안이나 여자를 가까이 하지 않았으니 자신의 일편단심을 알아달라는 편지였다. 그런데 미암은 여기서 더 나갔다. 자신이 부인에게 갚기 어려운 은혜를 베풀었다는 것이다. 물론 말 놀이였다. 그 남편에 그 부인이었다. '뭐라고요? 당신이 내게 갚기 어려운 은혜를 베풀었다고요? 남자가 고작 넉 달 독수공방하고선 아내에게 갚기 힘든 은혜를 베풀었다니요.' 바로 따져 묻는다. '창피한 줄 아시오. 첫째, 군자가 여색을 멀리하는 것은 당연한 일이지 자랑할 일이 아니요, 둘째, 예순이 다 된 할아버지가 여색을 멀리하는 것은 건강상 어찌할 수 없는 일이지 자랑할 일이 아니요, 셋째, 착한 일을 했으면 조용히 있을 일이지 착한 일을 해놓고 떠벌리는 것처럼 우스운 일은 없지요.' 이럴 때 하는 말, 혹 떼려다 혹 붙인 격이라 하던가? 송덕봉의 글에는 구김이 없다.

갚기 힘든 큰 은혜를 베풀어주셔서 감사하기 그지없구려. 군자가 행실을 조심하는 것은 성현의 가르침을 따르기 위한 것이지 어찌 아내를 위한 것이겠습니까? 서너 달 독수공방했다고 꼭 자랑을 해야 하겠습니까? 이런 일로 자랑을 하니 당신에게도 남이 알아주길 바라는 병폐가 있는 듯하오. 삼년상을 마치고 만 리 길을 걸었던 옛일을 잊으셨습니까?[50]

유희춘이 뭐라 하겠는가? 미암은 부인의 편지를 자신의 문집에 넣고 토를 달았다. "부인의 말씀이 구구절절 옳소." 그랬다. 송덕봉의 총명은 유희춘보다 한 수 위였다. 유희춘은 부인을 존중하는 남자였다. 이런 사이를 금슬지락琴瑟之樂이라고 하던가?

평생 독서와 저술에 몰두했던 유학자 유희춘은 책 속에 지극한 즐거움이 있다는 시를 썼다. 물론 부인에게 보낸 편지였다. 암컷의 눈길을 끌기 위한 수컷의 깃털 세우기였을지도 모르겠다. "좋은 술, 어여쁜 자태엔 흥미 없으니 참으로 맛있는 건 책 속에 있네." 송덕봉, 또 꾸짖는다. 남자야, 남자야, 책만 아는 남자가 남자더냐? "술은 근심을 잊게 하여 마음을 호방하게 하는데 그대는 어찌 책 속에만 빠져 사시오?" 또 당했다. 대장부란 모름지기 아름다운 봄 경치도 즐길 줄 알아야 하고, 달 아래 거문고도 탈 줄 알아야 한다며, 남편의 속 좁은 서생 기질을 탓하는 이 여인은 어느 나라 어느 시대의 여인이었던가?

함석헌 선생에 대한 유감

인격적 삶은 자존감에서 시작한다. 자존감은 인생의 파란만장과 풍비박산을 넘고 삶의 망망대해를 뚫고 전진하게 하는 삶의 동력이다. 나의 삶, 나의 인격만큼 소중한 것이 또 있는가? 내 인격의 소중함을 확신하는 이는 반드시 타인의 인격을 존중한다. 억강부약抑强扶弱이라고 했다. 강자의 횡포에 맞서고 약자를 보호하는 의협심도 다 자존감에서 나온다.

우리는 지금 경쟁주의의 지옥에서 살고 있다. 경쟁주의는 한 사람의 성공한 자와 1000명의 실패한 자를 낳는다. 어려서부터 패배를 먼저 배운 이들, 자신의 무능으로 인한 영혼의 괴로움에 시달리는 젊은이가 무슨 큰일을 하겠는가?

민족도 마찬가지다. 자신의 조상을 부끄럽게 생각하는 민족이 무슨 단결을 할 것이며 무슨 봉사를 할 것인가? 나는 어려서부터 우리 민족이 못난 민족이라는 이야기를 귀에 못이 박히도록 들으면서 자랐다. 중

학교 때는 담임선생님에게 가죽으로 된 출석부로 머리를 맞으면서 "그러니까 느그들은 100년 노력해도 미국을 따라가지 못한다"는 말을 듣곤 했다.

커서 공부해보니 우리 민족에게 주입된 모든 자기학대적 민족관은 서양인들이 주조하고 퍼뜨린 오리엔탈리즘Orientalism의 결과였다. 서양인은 문명인이요, 동양인은 야만인이라는 오리엔탈리즘이 일본인에게 넘어간다. 이제 일본인은 문명인이요, 조선인은 미개인이다. 일제의 식민지 통치가 우리에게 강제했던 식민사관, 사실은 오리엔탈리즘의 재판이었다.

함석헌은 말한다. "이조 한 대의 역사는 한마디로 하면 중축이 부러진 역사"라고.[1] 축이 부러진 수레가 어찌 나갈 수 있을까? 정신도 없이, 이상도 없이 어떻게 역사의 진행이 있을 수 있을까라고 그는 묻는다. 수레에서 가장 중요한 것이 축이듯 역사에서 가장 요긴한 것도 민족 정신이요, 국민 이상인데 조선왕조 500년의 역사는 중추 없는 수레인지라 밀면 밀수록 더 어지러이 이리 구르고 저리 구르는 수레였단다.

함석헌은 이성계가 이기고 최영이 패하는 순간 현실주의가 이기고 이상주의가 죽었다고 단정했다. 역사를 말하면서 어떻게 이런 오판을 할 수가 있는지, 안타까울 따름이다. 이성계는 나라를 세웠다고는 하지만 결코 덕으로 세운 것도 아니요, 참 의미의 혁명으로 세운 것도 아니란다. 이성계, 그는 일개 군인이요, 꾀의 사람이요, 야심의 사람일지는 몰라도 덕의 사람. 의義의 사람은 아니었단다.[2]

함석헌은 왜 조선왕조에 대해 시작부터 이렇듯 무지막지한 저주를 퍼부었을까? 만주를 잃고, 북벌을 결단하지 못한 조선 민족은 수난의 역사와 노예의 길을 걸을 수밖에 없다는 함석헌의 뜻을 모르는 바는 아니지만 나에겐 역겹다. 『뜻으로 본 한국역사』 역시 굴절된 식민사관의 연장이었다.

함석헌은 우리 민족에게 정신을 강조한다. "개인이나 민족이나 생활을 빛나게 만드는 것은 산 이상이다."[3] 함석헌은 말한다.

> 정말 민심을 하나로 하는 것은 어떤 위대한 국민적 이상을 주는 일이다. 사람은 의기에 느끼는 물건이라, 배부른 민중은 말을 아니 들어도 위대를 본 민중은 죽으면서도 나선다. 그러므로 국민적 이상, 민족적 사명, 세계사적 정신은 중요하다.[4]

연이 창공의 바람을 맞으며 날 수 있는 것은 연과 손 사이를 잇는 실의 장력 때문이다. 실이 끊어지면 연은 하늘 저 멀리 사라진다. 정신은 인간의 활동력을 배가하지만 정신이 과도하면 현실을 있는 그대로 보지 못한다. 특히 정신이 이념의 자기 완결태를 갖추게 되면 이념은 독립적 실체가 되어 자기를 낳아준 현실을 배반한다. 이념은 절대성을 고집하면서 무서운 배타성을 발휘한다.

서양에서는 플라톤주의와 기독교 그리고 마르크스주의가 특히 이념성이 강했고, 동양에서는 주자의 성리학이 이념성이 강했다. 철학자의 사유는 선이고 대중의 욕망은 악이다. 나 이외 다른 신을 섬기지 마라. 사회주의는 선이고 자본주의는 악이다. 이는 선이고 기는 악이다. 이념성이 강한 사유체계일수록 자신의 이념은 절대 선이고, 자신의 이념에 반하는 정신은 절대 악으로 간주한다.

한국의 역사는 고난의 역사다. 고난이야말로 한국이 쓰는 가시 면류관이다.[5]

함석헌 선생은 이렇게 예언했다. 선생의 소국 의식은 기독교적 은유와 결부되어 '고난의 면류관'으로 표현된다. "기상이 죽고 계획이 원대하지 못하고 이상이 크고 멀지 못한" 민족, "그저 하는 일마다 작고, 일시적이요, 고식이요, 구차"한 민족이 걸어야 할 길은 끊임없는 고난의 가시밭길이다. 당나라에 당하고 원나라에 당하고 청나라에 당하고 마침내 왜에게 당하는 것은 한국인에게 예정되어 있는 역사의 숙명, 가시면류관이다. 조선의 몰락과 일제의 식민지 통치는 조선인의 불가피한 운명이었다고 말하고 싶은 것이 바로 식민사관의 알짜라면, 함 선생은 바로 이 식민사관을 한 치도 벗어나지 못한 채 똑같이 재연했다. 그래서 나는 함 선생의 고난사관을 받아들일 수 없다.

왜 조선의 양반 지배계급은 서구문물의 도입에 대해 자폐적이었던가? 이것을 반성해야 한다. 조상들은 성리학의 이론체계에 너무 심취했다. 우리 민족은 다른 나라에서 좋은 것을 배워오면 그것에 극단적으로 심취하는 경향이 있다. 고려의 불교가 그랬고 조선의 성리학이 그랬다. 지금 우리의 서구 추종도 너무 극단적인 것은 아닌가?

역사는 변화한다. 우리는 지난 20세기 100여 년을 겨울의 동토에서 살아야 했다. 하지만 우리는 배우면서 일했고, 일하면서 배웠다. 1987년 6월의 민주 대항쟁은 역사의 봄을 맞이한 위대한 민중항쟁이었다. 반도의 역사는 고난의 역사라는 함 선생의 예언은 정정되어야 한다.

서문

1 함석헌, 『뜻으로 본 한국역사』, 제일출판사, 1974. 88쪽.

2 형의 영향을 받았던 박정희는 군부에 비밀리에 조직된 남로당에 가입하여 활동하였으며, 1947년 육군소령이 되어 육군사관학교 중대장이 되었다. 1948년 10월 여수·순천사건이 일어나자 육군 정보사령부 작전참모로 배속되었다. 그해 박정희는 당시 국군 내부 남로당원을 색출하자 발각되어 체포되었으며 군법회의에 회부되어 사형을 선고받았다. 하지만 만주군 선배들의 구명운동과 군부 내 남로당원 존재를 실토한 대가로 무기징역을 언도 받았다. 이후 15년으로 감형되어 군에서 파면되었다. - '박정희朴正熙', 두산백과

3 엄밀히 말하자면 시대에 따라 1결의 면적이 다르다. 이 책은 1결의 면적을 줄잡아 3000평으로 계산하였다. 전문가의 연구에 의하면 1결의 면적은 시대에 따라 달랐다. 고려시대 전시과체제 아래에서는 척관법尺貫法으로 환산해 7260평설坪說, 6806평설, 그리고 4184평설 등 다양한 학설이 있다. 고려 말 조선 초의 과전법체제 하에서는 1결 실제면적을 척관법으로 환산하면 대략 상등전 1결이 1846평, 중등전 1결이 2897평, 하등전 1결은 4184평 정도였다. 세종 때 공법이 제정된 이후 결부법은 토지 면적 단위가 아닌 생산량 단위였다. 면적은 다르지만, 생산량은 동일했다. 토지의 비옥도에 따라 1등전에서 6등전으로 구분된 1결의 면적은 1등전 2753평, 2등전 3246평, 3등전 3931평, 4등전 4723평, 5등전 6897평, 6등전 1만1035평이다.

프롤로그 : 다시 찾는 우리 역사

1 임마누엘 페스트라이쉬, 『한국인만 모르는 다른 대한민국』, 21세기북스, 2013.

1부 : 혁명과 개혁

1 당시의 지명은 나주 회진현 거평부곡 소재동인데, 지금은 나주시 다시면 운봉리 백동 마을이다.

2 플라톤, 『편지들』, 강철웅 외 옮김, 이제이북스, 2009. 325e ~326a.

3 "철인들이 국왕이 되거나 왕이 철인이 되기 전에는, 그리하여 정치권력과 철학이 하나로 결합되기 전에는 인류 전체의 고통은 종식되지 않을 것이네." -플라톤, 『국가』, 천병희 옮김, 숲, 2013. 473d.

4 플라톤의 철인왕 이념은 묘하게도 카를 마르크스의 정당론으로 부활한다. 만일 노동자계급이 사회주의 사상으로 무장한다면 노동자계급의 부대는 무적이라는 확신을 마르크스는 품었다. 플라톤의 철인이 사회주의로 바뀌고, 플라톤의 왕이 노동자계급으로 바뀌었을 뿐, 철학과 권력의 결합이라는 논리구조는 똑같다. 오늘날 유럽의 정치를 이끌고 있는 사회민주주의 계열의 정당들도 모두 철인왕 이념의 현대판이라고 보면 된다.

5 맹자, 『맹자 읽기』, 이우재 역주, 21세기북스, 2012. 35쪽.

6 같은 책, 107쪽.

7 태조 1권, 총서 여섯 번째 기사, '태조가 대규모의 병력으로 침입한 왜적을 격퇴하니 한산군 이색 등이 시를 지어 치하하다'.
   "한산군韓山君 이색李穡이 시詩를 지어 치하致賀하기를, '적의 용장 죽이기를 썩은 나무 꺾듯이 하니, 삼한의 좋은 기상이 공에게 맡겨졌네. 충성은 백일白日처럼 빛나매 하늘에 안개가 걷히고, 위엄은 청구靑丘에 떨치매 바다에 바람이 없도다. 출목연出牧筵의 잔치에서는 무열武烈을 노래하고, 능연각凌煙閣의 집에서는 영웅을 그리도다. 병든 몸 교외 영접 참가하지 못하고, 신시新詩를 지어 읊어 큰 공을 기리네.'"

8 태조실록의 집필자들의 의도를 감안하지 않고 조선왕조실록의 기사를 역사적 사실로만 이해하는 태도는 바람직하지 않다. 새로운 왕조를 개창한 이성계를 신이神異한 인물로 묘사하는 것이 실록 집필자의 의도였다. 이 기사는 이른바 천명天命

을 받아 양위讓位로 새 왕조를 세운 이성계의 능력을 과장하여 실록에 기록한 것이다.

9   태조 1권, 총서 56번째 기사.

10   정인지 외, 『용비어천가』, 이윤석 옮김, 솔, 1997. 122쪽.

11   명 태조 주원장은 고려 왕실의 성실성을 의심했다. 사신들은 요동에서 돌아와야 했고 남경에까지 갔던 사신들은 구금이나 귀양에 처해졌다. 주원장은 1386년 말 5000필을 요구했고, 두 나라의 국경선을 압록강 훨씬 이남인 강원도와 함경도 사이로 옮길 것을 요구했다. 국경선의 이동은 고려 조정을 들끓게 했다. 명나라는 공민왕이 회복한 철령 이북의 땅을 다시 반납하라는 억지를 부리고 나섰다. 철령 이북의 땅은 원나라가 강제 점거했던 쌍성총관부 지역으로 명나라는 이곳에 철령위를 세우면서 이전에 원나라 땅이었던 지역은 모두 명나라의 소유라고 주장했다.

12   1391년 5월 양전 결과 확보된 토지의 규모는 50만 결이었다. 60~70명의 권문세족이 평균 2000~3000결의 농장을 소유하고 있었다. 모두 합치면 작게는 12만 결, 많게는 21만 결을 소유했던 것이다. 여기에 사원 소유의 농장을 더하면 족히 30만 결이 넘을 것이다.

13   "조종으로부터 물려받은 토지법이 무너지고 한번 겸병의 문이 열리자 재상은 마땅히 300결의 토지를 받아야 하는데 송곳 꽂을 땅도 없게 되고, 재상이 되면 360석의 녹봉을 받아야 하는데 20석도 못 받고 있습니다. 군역자들에게 군인전을 지급하고 그 대가로 나라를 지키게 했는데, 구가세족들이 군인전까지 모두 차지했으니 중앙군이 사실상 해체된 것입니다. 그래서 홍건적이나 왜구가 쳐들어오면 그때그때 농민들을 징발해서 대처하는 수밖에 없게 되었습니다."—조준의 토지개혁 상소문—『국역 고려사: 열전』(전9권), 경인문화사, 2006.

14   태조 1권, 총서 96번째 기사, '사전을 혁파하다'.

15   이사벨라 B. 비숍, 『조선과 그 이웃 나라들』, 신복룡 옮김, 집문당, 2000. 49쪽.

16   같은 책, 27쪽.

17   같은 책, 80~81쪽.

18   『고려사』 '식화지'. 이덕일, 『정도전과 그의 시대』, 옥당, 2014. 204쪽 재인용.

19   『고려사』 '이색열전', 이덕일, 『정도전과 그의 시대』, 52쪽 재인용.

20 태조 1권, 총서 129번째 기사, '세자가 명에서 돌아오다. 정몽주가 태조를 견제
   하기 위해 태조의 측근을 탄핵하다'.
21 태조 1권, 총서 131번째 기사, '정몽주가 조준 등을 처형코자 하니, 태종이 정몽
   주를 죽이고 일당을 탄핵하다'.
   "전하가 태조에게 아뢰기를, '지금 몽주 등이 사람을 보내어 도전道傳 등을 국문鞫
   問하면서 그 공사供辭를 우리 집안에 관련시키고자 하니, 사세事勢가 이미 급하온
   데 장차 어찌하겠습니까?' 하니, 태조는 말하기를, '죽고 사는 것은 명命이 있으
   니, 다만 마땅히 순리대로 받아들일 뿐이다' 했다. 전하는 말하기를, '아버님께서
   내 말을 듣지 아니하지만, 그러나 몽주는 죽지 않을 수 없으니, 내가 마땅히 그
   허물을 책임지겠다' 했다."

2부 : 대왕 세종

1 태종 11권, 6년(1406년) 5월 2일(신묘) 네 번째 기사, '경연에서 대언 김과 등과 문
   과 중시에 대해 논의하다'.
2 태종 6권, 3년(1403년) 10월 1일(을사) 첫 번째 기사, '사냥하여 종묘에 천신薦新하
   는 의례를 상정케 하다'.
3 같은 기사.
4 같은 기사.
5 태종 33권, 17년(1417년) 윤 5월 12일(정묘) 여섯 번째 기사, '이조판서 박신이 인
   정전을 재건할 것을 건의했으나 듣지 않다'.
6 태종 2권, 1년(1401년) 8월 1일(정사) 첫 번째 기사, '억울한 사람은 등문고를 치
   도록 하자는 의정부의 상소. 신문고로 고치다'.
7 태종 31권, 16년(1416년) 1월 27일(경신) 네 번째 기사, '왜에 잡혀 유구로 팔려간
   자를 쇄환하기 위해 전 호군 이예를 유구국에 파견하다'.
8 1결은 3000평이고 15마지기다. 15마지기에서 평균 30석의 쌀이 생산된다. 1결
   의 토지에서 연간 3석의 쌀을 조로 거둘 경우 120만 결의 토지에서 국가는 360
   만 석의 쌀을 확보할 수 있을 것이다.
9 태종 27권, 14년(1414년) 6월 27일(무진) 첫 번째 기사, '처음으로 관청 및 개인의
   여종이 양인에게 시집가서 낳은 자식을 양인의 신분을 갖도록 하다'.

"하늘이 백성을 낼 때에는 본래 천구賤口가 없었다. 전조前朝의 노비奴婢의 법은 양천良賤이 서로 혼인하여 천인賤人을 몹시 하는 일을 우선으로 하여 천자賤者는 어미를 따랐기 때문에 천구는 날로 증가하고 양민良民은 날로 줄어들었다. 영락永樂 12년 6월 28일 이후 공사 비자公私婢子가 양부良夫에 시집가서 낳은 소생所生은 아울러 모두 종부법從父法에 따라 양인良人을 만들고, 전조의 판정 백성判定百姓의 예에 의하여 속적屬籍하여 시행하라."

10 노비의 소유권을 구분하는 노비제도와 노비의 신분규정에 관한 노비제도를 구분하여 보아야 한다. 아버지와 어머니 둘 중 한 명만 노비이면 그 자식을 노비로 규정하는 제도를 일천즉천一賤則賤이라 하는데, 이는 노비의 신분규정에 관한 제도이다. '일천즉천'에 따르면 여자 노비의 주인에게 종의 소유권을 부여하는 제도를 종모법이라 하는데, 이는 노비의 소유권에 관한 제도이다. 한편 태종 때 실시한 종부법의 경우, 노비의 신분 규정에 관한 제도이다. 아버지가 양인일 경우 양인의 아버지와 노비의 어머니 사이에서 태어난 자식을 양인으로 취급한다는 것이다.

11 태종 35권, 18년(1418년) 6월 6일(을유) 두 번째 기사, '문귀·최한이 한경에서 돌아와 양녕의 일을 아뢰다'.

12 같은 기사.

13 세종 109권, 27년(1445년) 7월 9일(신사) 두 번째 기사, '승정원에 전지하여 수춘군·익현군에게 결례한 이계선을 엄히 징계하도록 하다'.
"옛날 내가 충녕대군으로 있을 때에는 도로에서 벽제辟除를 하지 않았고, 효령대군도 그러했다."

14 세종 14권, 3년(1421년) 12월 25일(갑인) 두 번째 기사, '세자 나이가 8세이니 길일을 택하여 입학하도록 명하다'.
"처음에 임금이 세자를 봉하고 대언 등에게 말하기를, '사람이 나이 8세가 되면, 입학入學하는 것은 옛날의 제도다. 지금 세자가 나이 8세이니, 마땅히 이 해 안에 좋은 날을 가려서 입학해야 될 것이다'."

15 이수광, 『대왕 세종』, 샘터, 2008. 87쪽.

16 태종 31권, 16년(1416년) 2월 9일(임신) 두 번째 기사, '충녕대군의 총명함을 기대하다'.

17 태종 35권, 18년(1418년) 1월 26일(정축) 첫 번째 기사, '성녕대군이 완두창이 나서 위독했다'.

18 태종 35권, 18년(1418년) 2월 4일(을유) 첫 번째 기사, '성녕대군 이종의 졸기'. "충녕대군이 의원醫員 원학元鶴을 거느리고 밤낮으로 항상 종種의 곁에 있으면서 자세히 방서方書를 궁구窮究하여 일찍이 손에서 놓지 않았고 친히 약이藥餌를 잡아 병을 구료救療하니, 양전兩殿이 그 지성에 감복했다."

19 세종 22권, 5년(1423년) 12월 23일(경오) 첫 번째 기사, '임금이 『통감강목』의 강독에 대해 언급하다'.

20 세종 3권, 1년(1419년) 2월 3일(무인) 세 번째 기사, '상왕이 양녕에게 간곡히 심회를 말하고 매 사냥이나 하며 하고 싶은 대로 살게 하라'.

21 세종 3권, 1년(1419년) 2월 12일(정해) 네번째 기사, '연이은 흉년을 걱정하며 굶어 죽는 백성이 없도록 잘 살피라는 왕지를 내리다'.

22 세종 20권, 5년(1423년) 6월 10일(기미) 두 번째 기사, '백성을 굶어 죽게 한 현감 김자경을 처벌하다'.

23 같은 기사.

24 세종 49권, 12년(1430년) 8월 10일(무인) 다섯 번째 기사, '호조에서 공법에 대한 여러 의논을 갖추어 아뢰다'.

25 1447년(세종 29년) 5월에 간행된 조선왕조의 창업을 송영頌詠한 노래다. 모두 125장에 달하는 서사시로서 한글로 엮은 책으로는 최초의 것이다. 왕명에 따라 당시 새로이 제정된 훈민정음을 처음으로 사용하여 정인지, 안지, 권제 등이 짓고, 성삼문, 박팽년, 이개 등이 주석을 붙였으며, 정인지가 서문을 쓰고, 최항이 발문을 썼다.

26 국운이여! 영원하여라/청렴결백한 통치자/참신 과감한 통치자/이념 투철한 통치자/정의 부동한 통치자/두뇌 명석한 통치자/인품 온후한 통치자/애국애족 사랑의 통치자/…이 새로운 영토/오, 통치자여! 그 힘 막강하여라/…아, 이 새로운 영토/이 출발 신념이여, 부동 불굴하여라 -조병화, 「경향신문」 1980년 8월 28일자

27 한강을 넓고 깊고 또 맑게 만드신 이여/이 나라 역사의 흐름도 그렇게만 하신 이여/이 겨레의 영원한 찬양을 두고두고 받으소서/…이 겨레의 모든 선현들의 찬

양과/시간과 공간의 영원한 찬양과/하늘의 찬양이 두루 님께로 오시나이다 -서
정주, '전두환 대통령 각하 제56회 탄신일에 드리는 송시'

28 피터 H. 리, 『용비어천가의 비평적 해석』, 김성언 옮김, 태학사, 1998.

29 성종 98권, 9년(1478년) 11월 26일(계미) 첫 번째 기사, '하동 부원군 정인지의 졸
기'.
"정인지鄭麟趾는 타고난 자질資質이 호걸豪傑스럽고 영매英邁하며, 마음이 활달하
고, 학문學問이 해박該博하여 통하지 아니한 바가 없었다. 세종이 천문과 역산에
뜻을 두어 그 대소大小의 간의簡儀, 규표圭表와 흠경각欽敬閣·보루각報漏閣의 제작製
作에 있어서 다른 신하들은 그 깊이를 이해하지 못했는데, 세종이 말하기를, '정
인지만이 이것을 함께 의논할 수 있다' 하고……."

30 세종 94권, 23년(1441년) 12월 9일(신축) 첫 번째 기사, '지중추원사 정인지 등이
불교를 숭상하는 것에 대한 우려와 실망을 상소하다'.

31 태종 7권, 4년(1404년) 2월 8일(기묘) 네 번째 기사, '임금이 사냥하다가 말에서
떨어졌으나 사관에게 알리지 못하게 하다'.

32 태종 18권, 9년(1409년) 8월 28일(정묘) 세 번째 기사, 「태조실록」 편찬 시기에
대해 논란을 벌이다'.

33 세종 51권, 13년(1431년) 3월 20일(갑신) 두 번째 기사, 「태종실록」을 보는 것에
대한 논의'.

34 선조 199권, 39년(1606년) 5월 7일(갑술) 세 번째 기사, ' 새로 인출한 실록을 사
고에 봉안할 일로 실록청이 아뢰다'.

3부 : 훈구와 사림

1 조선에서는 개국한 지 한 달 뒤인 1392년 8월에 공신도감을 설치하고, 그해 9월
에 이성계를 왕으로 추대한 신하 중에서 배극렴 등 44인을 1, 2, 3등으로 나누어
책록하고, 그들에게 토지와 노비를 내리는 한편 여러 가지 특전을 부여했다. 일
등공신 배극렴, 조준, 김사형, 정도전 등 16인에게 최고 220결에서 최하 150결
에 이르는 공신전을 내리고, 최고 30명에서 최하 15명에 이르는 노비를 지급했
다. 이등공신 윤호, 이민도, 박포, 조영규 등 12인에게 100결의 토지와 10명의
노비를 하사했다. 삼등공신 안경공, 김곤, 유원정 등 16인에게 공신전 70결과 노

비 일곱 명씩을 각각 지급했다. - '개국공신開國功臣', 한국민족문화대백과, 한국학
중앙연구원

2 조선왕조 유학자는 유교경전 이전에 육예六藝라고 하여 예禮, 악樂, 사射, 어御, 서
書, 수數를 기본으로 읽혀야 했다. 예는 차별異을, 악은 같음同을 위해 공부했다.
예악은 활쏘기와 말타기射御 같은 무武보다 앞선 것이었다. 조선왕조의 선비들은
문과 무, 실용지식인 서수書數를 함께 공부했기 때문에 근대의 전문가 집단과는
달리 종합적인 지식인이기도 했다.

3 성현, 『용재총화』, 김남이 외 옮김, 휴머니스트, 2015.

4 조곡租穀은 쌀과는 다르다. 조곡은 도정하기 이전의 벼(나락)를 의미하는 것이다.
도정을 하여 쌀로 환산하면 쌀 25～30석으로 줄어든다.

5 같은 책, 97쪽.

6 같은 책, 106쪽.

7 같은 책, 114쪽.

8 같은 책, 439쪽.

9 같은 책, 128쪽.

10 같은 책, 441쪽.

11 이종묵, 『조선의 문화공간』 2권, 휴머니스트, 2006. 134쪽.

12 조선 초기 토지 집적의 요인은 토지 매입과 개간, 그리고 점탈이다. 과전법에서
는 소경전의 매매를 금지했다. 세종 6년에 토지 매매의 금지 조치가 해제되고,
토지 집적이 가속화되었다. 15세기 후반부터 소농민으로부터 전세, 요역, 군역,
공납 등 국가적 부담을 가혹하게 수취했다. 그 결과 소농민은 토지를 잃고 전호
가 되고, 노비가 되었다. - 이재룡, 『조선전기 경제구조 연구』, 숭실대학교출판부,
1999. 47쪽.

13 15～16세기의 분재기를 연구한 이영훈의 연구에 의하면 16세기 양반 1가호당
노비 보유 규모는 평균 114구였다. - 이재룡, 64쪽 재인용.
  중종 10년 김희춘의 상소에 의하면 부자의 토지 소유는 많으면 100여 결에 이른
다고 했고, 중종 13년 유성춘의 상계에 의하면 순천의 호민들이 100여 결을 소유
하고 있다고 했다. 조선 전기의 농장 규모는 적으면 수십 결, 많으면 100～200결
에 이르고 있다. - 같은 책, 53쪽.

14 주세붕,『무릉잡고』, 원집 6, 「유청량 산록」, 같은 책, 190쪽 재인용.

15 지승종,『조선전기 노비신분연구』, 일조각, 1995. 187쪽.

16 이종하,『우리 민중의 노동사』, 주류성, 2001. 232쪽.

17 같은 책, 224쪽.

18 이익,『성호사설』, 최석기 옮김, 한길사, 1999. 163쪽.

19 내 일찍이 살펴보니 당나라 요堯임금 원년인 갑진년부터 무신년(1368년)에 이르기까지는 총 3785년이며, 단군 원년인 무진년부터 임신년(1392년)에 이르기까지가 또한 3785년이니, 우리나라 역년의 수는 대체로 중국과 비슷하다. 요임금이 나오자 단군이 일어났고, 주 무왕이 등극하자 기자가 봉해졌으며, 한나라가 천하를 평정하자 위만이 평양으로 왔고, 송 태조가 일어나자 고려 태조가 일어났으며, 우리 태조의 개국 역시 명나라 태조와 동시대다. -서거정,『사가명저선』, 성백효 역주, 이회문화사, 2000. 240쪽.

20 중종 34권, 13년(1518년) 11월 4일(경자) 첫 번째 기사, '석강에 나아가니, 인에 대하여 논하다'.

21 같은 기사.

22 중종 35권, 14년(1519년) 4월 19일(임오) 세 번째 기사, '조광조가 꾸준히 도를 구히고 경연을 행할 것과 경연관 선택 및 홍문록을 작성하도록 아뢰다'.

23 같은 기사.

24 중종 37권, 14년(1519년) 12월 29일(기축) 네 번째 기사, '조광조를 제거하기 위해 중종이 홍경주에게 내린 밀지에 관한 사신의 논평'.

25 이이,『동호문답』, 정재훈 역해, 아카넷, 2014. 68~69쪽.

26 장악원 소속의 기생들은 대궐의 크고 작은 잔치에 나가 공연을 했다. 오늘로 비교하면 국립무용원이나 국립음악원쯤 되었다. 기생은 관기와 사기로 나뉜다. 관기는 각 고을에 소속된 기생이고, 사기는 일반 기생이다. 황진이와 매창은 사기였다. -이수광,『조선부자 16인의 이야기』, 스타리치북스, 2015. 216쪽.

27 중종 93권, 35년(1540년) 7월 16일(을사) 세 번째 기사, '동반은 정3품 이상, 서반은 2품 이상에서 각각 일사를 천거하다'.
"상이, 동반東班은 정3품 이상, 서반西班은 2품 이상에게 각각 일사逸士를 천거하라고 명했다. 영의정 윤은보는 진사 김사근金思謹을 천거하고, 좌의정 홍언필은 생원 권습權혵을 천거하고, 좌찬성 소세양은 생원 최계성崔繼成과 최언충崔彦沖을 천거하고, 우찬성 윤인경尹仁鏡은 진사 남세빈南世贇을 천거하고, 한성부 판윤 김안국金安國은 생원 서경덕徐敬德과 유학幼學 유인선柳仁善을 천거하고……."

28 중종 103권, 39년(1544년) 5월 1일(무술) 다섯 번째 기사, '최보한·신영·권응창·서경덕 등에게 관직을 제수하다'.
   "서경덕을 후릉 참봉厚陵參奉에 제수했다."

29 같은 기사.

30 150년 프톨레마이오스가 집필한 천문학 저서. 아리스토텔레스의 지구중심이론에 입각해 천구의 운동을 풀이했다.

31 이황, 『퇴계 이황 아들에게 편지를 쓰다』, 이장우·전일주 옮김, 연암서가, 2008.

32 같은 책, 281쪽.

33 이수건, 『영남학파의 형성과 전개』, 일조각, 1995. 239쪽.

34 조선시대 전직 관원을 예우하여 종 2품의 관원이 퇴직한 뒤에 특별히 내린 벼슬. 종신토록 신분에 맞는 녹봉祿俸을 받으나 실무는 보지 않고 다만 국가의 의식이 있을 때에만 조복朝服을 입고 참여했다. - '봉조하奉朝賀', 두산백과

35 금장태, 『퇴계평전』, 지식과교양, 2012. 286쪽.

36 이황, 『퇴계 이황, 아들에게 편지를 쓰다』, 357쪽.

37 명종 19권, 10년(1555년) 11월 19일(경술) 첫 번째 기사, '단성 현감 조식이 상소하다'.

38 홍명희, 『임꺽정』 3권, 사계절, 1985. 169쪽.

39 명종 27권, 16년(1561년) 1월 3일(갑자) 두 번째 기사, '서임이 임꺽정과 대질한 후 꺽정의 형 가도치라고 진술하다'.

40 율곡 이이가 과거에 급제해 처음 벼슬길에 나아갔을 때, 승문원의 선배에게 공손하지 않았다는 이유로 파직을 당했다. 퇴계가 이 소식을 듣고 말했다. "신참을 욕보이고 희롱하는 것은 못된 악습이다. 그러나 그러리라는 것을 알면서 출사했으니 어찌 혼자만 면할 수 있겠는가?" 퇴계는 손안도에게 보낸 편지에 이렇게 썼다. "선배가 시키는 장난을 따르지 않을 수 없다. 그러나 너무 외설스럽고 비루한 짓을 하면 안 된다." -이익, 『성호사설』, 299쪽.

41 명종 32권, 21년(1566년) 5월 12일(임인) 두 번째 기사, '사간원 대사간 강사필 등

이 폐단의 근원을 고치는 것에 대해 상소하다'.

"큰 뜻을 세우시라. 인의에 뜻을 세우면 요순堯舜 같은 군주가 될 수 있다. 임금은 백성의 군왕이자 신하들의 스승이다君師. 성인의 학문을 게을리하지 마시고, 이 치를 궁구하고 공경을 지니시라. 간사한 것과 정직한 것을 구분하시라. 선비의 사기士氣를 진작시키라. 백성의 고통을 물으시라. 세금은 많고 부역은 잦다. 백성이 세금을 내지 못한다고 그 부담을 일가친척에게 넘기지 마라. 황무지를 개간하여 농사지은 논밭에는 세금을 받지 마라."

42 이이,『동호문답』, 정재훈 역해, 아카넷, 2014. 27쪽.

43 같은 책, 27쪽.

44 같은 책, 79쪽.

45 같은 책, 82쪽.

46 같은 책, 109쪽.

47 같은 책, 109~117쪽 요약.

48 한영우,『율곡 평전』, 민음사, 2013. 11쪽.

49 "신이 듣건대 붕당의 설은 예부터 있어왔으나 오로지 임금께서 군자와 소인의 붕당을 잘 구별하시길 바랄 뿐입니다. 대저 군자와 군자는 지향하는 도를 같이하여 붕당을 짓고, 소인과 소인은 이를 같이하여 붕당을 짓습니다. 이것은 자연의 이치입니다. 그러나 신은 소인에게는 붕당이 없고 군자에게만 붕당이 있다고 생각합니다. 왜 그럴까요?" -구양수,『구양수 산문선』, 노장시 역주, 명문당, 2004. 144쪽.

50 박무영 외,『조선의 여성들』, 돌베개, 2004. 68~69쪽 요약.

에필로그 : 함석헌 선생에 대한 유감

1 함석헌,『뜻으로 본 한국역사』, 제일출판사, 1974. 209쪽.

2 같은 책, 212쪽.

3 같은 책, 181쪽.

4 같은 책, 182쪽.

5 같은 책, 83쪽.

구양수, 『구양수 산문선』, 노장시 역주, 명문당, 2004.

금장태, 『퇴계평전』, 지식과교양, 2012.

맹자, 『맹자 읽기』, 이우재 역주, 21세기북스, 2012.

박무영 외, 『조선의 여성들』, 돌베개, 2004.

서거정, 『사가명저선』, 성백효 역주, 이희문화사, 2000.

성현, 『용재총화』, 김남이 외 옮김, 휴머니스트, 2015.

에드워드 H. 카, 『역사란 무엇인가』, 김택현, 까치, 2015.

이덕일, 『정도전과 그의 시대』, 옥당, 2014.

이사벨라 B. 비숍, 『조선과 그 이웃 나라들』, 신복룡 옮김, 집문당, 2000.

이수건, 『영남학파의 형성과 전개』, 일조각, 1995.

이수광, 『대왕 세종』, 샘터, 2008.

_____, 『조선부자 16인의 이야기』, 스타리치북스, 2015.

이영훈, 「조선전호고」, 『역사학보』 142호, 역사학회, 1994.

이이, 『동호문답』, 정재훈 역해, 아카넷, 2014.

이익, 『성호사설』, 최석기 옮김, 한길사, 1999.

이재룡, 『조선전기 경제구조 연구』, 숭실대학교출판부, 1999.

이종묵, 『조선의 문화공간』(전4권), 휴머니스트, 2006.

이종하, 『우리 민중의 노동사』, 주류성, 2001.

이한우, 『왕의 하루』, 김영사, 2012.

임마누엘 페스트라이쉬, 『한국인만 모르는 다른 대한민국』, 21세기북스, 2013.

정인지 외, 『용비어천가』(전2권), 이윤석 옮김, 솔, 1997.

지승종, 『조선전기 노비신분연구』, 일조각, 1995.

청동말굽, 『경복궁에서의 왕의 하루』, 문학동네어린이, 2003.

최완수 외, 『진경시대』(전2권), 돌베개, 1998.

크리스토퍼 콜럼버스,『콜럼버스 항해록』, 이종훈 옮김, 서해문집, 2004.

플라톤,『편지들』, 강철웅 외 옮김, 이제이북스, 2009.

_____,『국가』, 천병희 옮김, 숲, 2013.

피터 H. 리,『용비어천가의 비평적 해석』, 김성언 옮김, 태학사,1998.

한영우,『율곡 평전』, 민음사, 2013.

함석헌,『뜻으로 본 한국역사』, 제일출판사, 1974.

홍명희,『임꺽정』3권, 사계절, 1985.

조선왕조실록 sillok.history.go.kr/main/main.jsp

역사 콘서트 ❶
황광우와 함께 읽는 조선의 결정적 순간

초판 1쇄 발행 2016년 3월 17일
초판 2쇄 발행 2016년 4월 1일

지은이 | 황광우
발행인 | 박재호
편집 | 김준연, 강소영
종이 | 세종페이퍼
인쇄·제본 | 한영문화사
출력 | ㈜상지피앤아이

발행처 | 생각정원
출판신고 | 제 25100-2011-320호(2011년 12월 16일)
주소 | 서울시 마포구 양화로 156(동교동) 엘지팰리스 1207호
전화 | 02-334-7932 팩스 | 02-334-7933
전자우편 | pjh7936@hanmail.net

ⓒ 황광우 2016

ISBN 979-11-85035-42-0   04910

이 도서의 국립중앙도서관 출판예정도서목록(CIP)은 서지정보유통지원시스템 홈페이지(http://seoji.nl.go.kr)와
국가자료공동목록시스템(http://www.nl.go.kr/kolisnet)에서 이용하실 수 있습니다. (CIP제어번호 : CIP2016006201)

만든 사람들
기획 | 박재호
책임편집 | 강소영
교정교열 | 윤정숙
디자인 | 이석운, 김미연
일러스트 | 최광렬